교사를 위한
사회정서학습의
모든 것

이론부터 수업까지
교사를 위한 사회정서학습의 모든것

초판 1쇄 펴낸날 2025년 7월 28일
초판 2쇄 펴낸날 2025년 10월 15일

지은이 김현수 최와니 안정은 김이슬 이종필 김자현 권주영 고아라
펴낸이 홍지연

편집 홍소연 김선아 김영은 이예은 차소영 조어진 서경민
디자인 이정화 박태연 정든해 이설
마케팅 강점원 원숙영 김신애 김가영 김동휘
경영지원 정상희 배지수

펴낸곳 (주)우리학교
출판등록 제313-2009-26호(2009년 1월 5일)
제조국 대한민국
주소 04029 서울시 마포구 동교로12안길 8
전화 02-6012-6094
팩스 02-6012-6092
홈페이지 www.woorischool.co.kr
이메일 woorischool@naver.com

ⓒ 김현수 최와니 안정은 김이슬 이종필 김자현 권주영 고아라, 2025
ISBN 979-11-6755-351-5 03370

* 책값은 뒤표지에 적혀 있습니다.
* 잘못된 책은 구입하신 곳에서 바꾸어 드립니다.

만든 사람들
편집 김선아
디자인 윤정우

김현수
최와니
안정은
김이슬
이종필
김자현
권주영
고아라
지음

교사를 위한

이론부터
수업까지

사회정서학습의
모든 것

우리학교

머리말

아이들이 삶에
필요한 것을 배우도록

지금 아이들의 삶에 필요한 배움은 무엇일까? 그 답이 사회정서학습이다. 사회정서학습은 생활 속에서, 관계 속에서, 더 지혜롭고 현명하고 성숙해지도록 돕는 학습이다. 사회정서학습 이론가들은 지금의 교육이 너무 지적 영역에 국한되어 불행을 초래한다고 비판하면서, 인간에 대한 교육은 지덕체를 모두 갖춘 교육이어야 한다고 주장한다. 플라톤 때부터 강조되어 온 지덕체 교육이 언젠가부터 길을 잃고 지적 영역을 '기계적으로, 또 경쟁적으로' 가르치면서 교육이 인간 소외를 오히려 확대하는 결과를 빚었다고 본다. 사회정서학습에서는 사회와 유리되지 않은, '이 시대 안에서의 교육'을 강조한다. 지금 이 시대에 아이들의 성장과 발달에 필요한 것을 '학교에서' 가르치고 배우는 것이 필요하다는 것이다.

사회의 위기는 곧 학교의 위기를 만든다. 경쟁과 차별이 만연하고 고립되는 사람이 많아진 불행한 사회는 가정과 학교 모두에 정서적 위기를 만들어 내고 있다. 위기의 사회에 사는 아이들은 그 위기를 그대로 교실에서 토해 낸다. 그래서 오늘날 학교는 갈등, 폭력, 그리고 중독으로 인한 정서 행동상의 문제로 가득하다. 교사들의 수업은 번번이 실패하고, 아이들은 관심을 다른 곳에 둔다. 저출생, 과잉보호 혹은 방임 등 양육 상황의 악화로 아이들은 사회성이 더욱 부족해졌고 더 많이 상처받고 있다. 하지만 이 부족해진 사회성을 보완할 가정과 지역사회의 역량이 충분치 않다.

지역마다 편차가 크긴 하나, 교실 상황은 예전과 확연히 다르다. 학교 폭력, 무기력, 자해 등의 문제로 가득 찬 교실에서 아이들이 필요로 하는 배움은 무엇인지 교사들, 부모들, 학생들이 묻고 있다. 이 질문에 대해 사회정서학습은 감정, 대화, 이해, 공감, 성찰을 포함하는 감성 지능, 사회 지능, 그리고 다중 지능적 접근이라고 답한다.

1960년대 말 미국 학교에는 등교하지 않는 아이들, 등교했지만 학교 폭력과 마약의 영향이 막강한 교실에서 무기력해지고 의욕이 사라진 아이들이 즐비했다. 이런 상황에서 교사, 정신과 의사,

교육학자, 사회복지사, 심리 상담사 들이 모여서 학교에서 가르쳐야 할 것이 무엇인지 새로이 정의하고, 그 교재와 교육과정을 연구하고 만들어 적용하기 시작하면서 사회정서학습이 태동했다. 당시 연구 팀에서는 옛 교육과정에는 존재하지 않았던 것을 새로이 편성해서, 학생들에게 감정 사용, 자기 조절, 시민적 책임감을 교육하기 시작했다. 그랬더니 아이들이 달라졌다. 감정적으로 안정되었을 뿐만 아니라 출석률, 태도, 성적까지 향상되었다. 아이들이 스스로 삶의 주체가 된 것이다. 최초로 사회 정서 역량 교육을 시작한 제임스 커머James Comer가 관여한 학교는 이런 교육을 10년간 적용한 후 미국 평균을 상회하는 학습 역량을 구축한 학교로 거듭났다.

당시 커머와 함께했던 사람들은 이후 20여 년에 걸쳐 미국 내 여러 학교와 교육청으로 이동해 사회 정서 역량 교육을 확산했다. 그리고 자신들이 해 온 작업을 '사회정서학습'이라 명명했다. 또 몇 년 후에는 '자기 인식, 자기 관리, 사회적 인식, 관계 기술, 책임 있는 의사 결정'이 사회정서학습의 5가지 핵심 역량이라고 발표했다. 더불어 오랜 세월 학교를 지배해 온 인지 중심 교육, 지식 중심 교육, 획일적 프레임과 경쟁 교육의 패러다임에 문제를 제기하고 전환할 것을 촉구했다.

우리나라에도 그런 전환을 시도하는 곳이 있다. 이미 오래전부터 대안 학교, 청소년 센터 등에서는 사회정서학습의 패러다임을 적용해 왔고, 내가 일하는 성장학교 별에서도 일찍부터 사회정서학습 교육과정을 편성해 왔다. 교사들이 학생들에게 필요하다고 생각하여 둔감력, 낙관주의, 갈등 해결, 분노 조절, 감정 사용, 정중한 거절, 반(反)편견, 치유 산행 등을 주제로 사회 정서 교과를 만들기도 했다. 이런 교육과정을 개발할 때는 전체 교사는 물론 학생들과 학부모들의 피드백을 반영했다. 필요성에 대한 인식, 참여, 개발 그리고 적용과 확대를 학교 전체 구성원이 함께해 온 것이다. 그런 변화가 우리나라 다른 학교들에서도 본격화되기를 바란다. '필요한 것을 배울 수 있다'는 명제를 바탕으로 평생에 걸쳐 사용할 '삶의 내용이자 기술'을 학교에서 친구들과 함께 '비경쟁적으로' 배우는 것은 우리 삶을 바꾸어 왔고 또 바꾸어 갈 것이다. 이것을 대안 교육, 대안 학교에서는 충분히 경험한 바 있다.

　최근 우리나라 공교육에서도 사회정서학습을 도입하기 시작했다. 이 과정에서 우려되는 것은 사회정서학습이 관료화, 박제화, 평가화, 중앙화되는 일이다. 그렇게 되면 본래 모토인 삶 기반, 문제 해결 기반, 현장 기반의 활력으로 발전해 온 사회정서학습이 활력을 상실할 것이다. 또한 사회정서학습은 협력을 바탕으로, 다학제적 접근으로 발전해 왔다. 협력 정신 없이 상명하달식으로 사회정서학습을 운영하는 것은 불가능하다. 그렇게 되지 않기 위해

민간의 여러 영역에서 다양한 사람이 함께 참여하고 만들고 제안하고 교류하는 것이 필요하다. 사회정서학습의 실천에서 가장 강조해야 할 가치 하나를 꼽으라면 협력이라는 공동체적 삶의 가치이다.

  이 책 또한 협력의 산물이다. 2002년 '성장학교 별' 교사회에서 먼저 시작했고, 그 후 코로나19 팬데믹 시기인 2022년에 '관계의 심리학을 연구하는 교사단'(관심단)에서 공교육 선생님들과 함께 사회정서학습연구회를 결성하고 수차례 정기 세미나를 한 결과가 이 책이다. 현재 관심단 사회정서학습연구회에는 공교육 교사 30여 명이 함께하고 있다. 이 책의 집필에는 그중 2022년부터 함께해 온 안정은, 최와니, 고아라, 김이슬, 이종필, 권주영 선생님과 이후에 합류한 김자현 선생님이 참여했다. 이 책이 위기의 학교에 치유의 교육과정을 제시함으로써 아이들의 성장과 발달에 기여하는 디딤돌이 되기를 바란다.

  책을 준비하는 과정에서 출판사 우리학교와 관심단 사회정서학습연구회가 사회정서학습 시리즈의 출간에 관해 협약을 맺었다. 출판사 우리학교의 홍지연 대표, 홍소연 편집 주간, 김선아 팀장께 이 자리를 빌려 감사를 전한다. 봄과 여름에 걸쳐, 바쁜 학기 말 시간에도 최선을 다해 실천과 집필에 참여해 주신 여러 선생님께 다시 한번 고마운 마음을 전한다. 또한 도움과 지원을 아끼지 않은 '별의 친구들' 및 성장학교 별의 육미라 국장님과 함예진, 구태현, 강소운, 윤태현, 김학준 선생님께도 감사 인사를 전한다.

사회정서학습 전문가들은 교사와 부모 같은 어른들이 먼저 이 학습을 경험해 볼 것을 강조한다. 어른이 경험을 통해 배우고 깨달은 것이라야 아이들에게 생생하게 전할 수 있기 때문이다. 이 학습을 아이들에게 적용할 어른이라면 시간을 내어 꼭 스스로 먼저 해 보기를 권한다.

사회정서학습은 우리나라 학교들의 작은 도약대가 될 것이다.

2025년 7월 3일
성장학교 별 교장
명지병원 정신건강의학과 임상 교수
관계의 심리학을 연구하는 교사단 대표
김현수

차례

머리말 아이들이 삶에 필요한 것을 배우도록   4
서론 왜, 지금 사회정서학습이 필요한가?   12

1부 사회정서학습 이해하기

1장. 사회정서학습이란?   27
  1) 사회정서학습의 정의
  2) 사회정서학습의 개념 체계
  3) 사회정서학습의 이론적 기반

2장. 사회정서학습의 현장들   47
  1) 미국 일리노이주, 사회정서학습의 선구자
  2) 유네스코, 사회정서학습의 세계화 촉진 기구
  3) 덴마크의 공감 교육, 클라센스 티드
  4) 영국의 관계 중심 교육, PSHE
  5) 국내 성장학교 별의 치유 수업

3장. 5가지 사회 정서 역량 톺아보기   71
  1) 자기 인식: 감정, 정체성, 신념을 이해하는 힘
  2) 자기 관리: 감정과 행동을 조절하는 자기 조율의 힘
  3) 사회적 인식: 타인의 감정과 사회적 맥락을 이해하는 힘
  4) 관계 기술: 협력하고 연결하는 사회적 실행력
  5) 책임 있는 의사 결정: 생각하고 선택하며 책임지는 역량

4장. 사회정서학습을 실천할 때 지켜야 할 원칙 123
      1) 사회정서학습의 네 기둥, SAFE 원칙
      2) 교실 기반 접근의 3가지 핵심 요소
      3) 교사의 사회 정서 역량 개발: 가르치는 자의 내적 성장
      4) 실천을 위한 구체적 전략

2부 사회정서학습 실천하기

5장. 사회정서학습을 하면 무엇이 달라질까? 169
6장. 교실에서 사회정서학습을 실천하려면 195
7장. 초등학교에서 사회정서학습을 해 보니 213
8장. 중학 국어 수업, 사회정서학습을 만나다 247
9장. 사회정서학습으로 시민교육이 가능할까? 259

부록 사회정서학습을 처음 시작하는 교사들이 자주 묻는 질문들 278
마치며 285
주 288

서론

왜, 지금
사회정서학습이
필요한가?

    사회정서학습의 본질은 학교에서 무엇을 가르쳐야 하는가에 대한 사회적 인식의 전환이라고 할 수 있다. 이제 학교에서 가르쳐야 하는 것이 삶의 기술임을 많은 부모와 교사가 인식하고 있다. 특히 미국에서는 정도의 차이만 있을 뿐 모든 학교가 그렇게 변화하는 중이다. 그 결정적 계기는 코로나19였다. 2019년 이후 코로나19를 겪으면서 전 세계적으로 사회정서학습을 주요 과목으로 선택하는 역사적 전환이 일어났다. 코로나19로 아이들이 학교에 가지 못하고 친구들도 만나지 못하면서 사회적 관계가 무척 악화되었기 때문이다. 코로나19가 끝난 뒤 다시 등교한 아이들은 싸움도 잦아졌고 사회적 의사소통이 어려워졌고 학업성적도 더 떨어졌다. 이에 대한 해결책을 고민하면서 사회정서학습이 주목받게 되었다.

물론 미국 학교들은 코로나19 이전에도 이미 위기였다. 학교 폭력과 교내 총기 난사가 제일 많은 곳이 바로 미국이다. 마약 문제도 심각해서 최근에는 강력한 마약인 펜타닐까지 학교 현장에 등장할 정도이고, 10대 임신 문제도 매우 심각하다. 우리 사회에서는 10대 임신 문제가 별로 이슈가 안 되지만, 미국에서는 청소년 문제 하면 마약과 10대 임신, 2가지가 늘 꼽힌다.

그다음 문제로 꼽히는 것이 바로 결석, 등교하지 않는 것이다. 미국 대도시 고등학교는 출석률이 80퍼센트쯤 되지만 농촌으로 가면 60퍼센트만 되어도 양호하다고 할 정도다. 학교에 나오는 아이가 매일 바뀌는 지경이다. 그런 상황에서 학교 간 격차도 커지고 교원도 부족하니, 미국은 지금 우리가 느끼는 것보다 훨씬 더 큰 위기를 느꼈다. 대도시에 있는 좋은 사립학교들은 다르긴 하나 공립학교들은 정말 심각했다.

이런 공립학교의 상황에 코로나19가 혼란을 더 얹으면서 사회정서학습이 크게 주목받았다. 우울한 아이들, 자기 관리도 안 되고, 대학에 가려는 동기부여도 안 되는 아이들에게 대체 무엇을 가르쳐야 할까 고민하게 된 것이다.

사회정서학습이 처음 나온 것은 그보다 훨씬 이전의 일이다.

1960년대 후반에 미국의 개혁적인 흑인 소아정신과 의사로 유명한 제임스 커머가 예일대학교 근처에 있는 한 중학교와 협의해서 뉴헤이븐의 장학관과 함께 사회정서학습을 처음 실시했다. 이들은 공부하겠다는 아이뿐만이 아니라 '모든 아이'를 위한 교육을 하고자 했다. 그렇게 사회정서학습을 했더니 그 학교가 비행 청소년이 줄어들고 학업 성취도가 전국 평균을 돌파하는 일이 일어났다. 뉴헤이븐의 가난하고 학업 성취도가 낮으며 아프리카계 미국인이 다수인 학교에서 일어난 일이 과학 잡지《사이언티픽 아메리칸Scientific American》에 상세히 보도되었다. 이를 본 티머시 슈라이버Timothy Shriver 와 로저 와이스버그Roger P. Weissberg 두 사람이 사회정서학습을 위한 기초 자금과 프로그램을 만들어서 본격적으로 시작하게 된다.

이후 사회정서학습이 크게 펼쳐진 곳은 뉴헤이븐이 아니라 일리노이주이다. 와이스버그를 일리노이 주정부에서 초대하고는 주의 모든 학교에서 사회정서학습을 하겠다고 제안했기 때문이다. 이렇게 해서 1960년대에 시작된 사회정서학습은 1970년대와 1980년대를 거쳐 1990년대까지 지속되었다. 편의상 사회정서학습으로 이야기했지만, 이때까지는 이런 교육에 대해 사회정서학습이라는 용어를 쓰지는 않았다.

사회정서학습이라는 용어가 사전에 처음 등장한 것은 1994년의 일이다. 이때 전문적 학습 공동체인 카셀CASEL, Collaborative for Academic, Social, and Emotional Learning이라는 조직도 만들어졌다. 사회 정서와 삶의 기술을 가르치는 교육 프로그램을 개발하는 강력한 단체가 결성된 것이다. 여기에 여러 대학교수가 참여했는데 이들의 목표는 모두 4가지였다. 폭력과 마약 사용을 예방하는 것, 건강한 선택과 거절을 가르치는 것, 학교와 지역사회를 연결하는 것, 책임감 있는 행동을 촉진하는 것. 카셀에서는 이것이 지금 아이들에게 가장 필요하다고 선언하고, 1997년 9월에 공동 작업자들이 첫 책을 출간한다. 바로 『사회 및 정서 학습 촉진—교육자를 위한 지침Promoting social and emotional learning: Guidelines for educators』이라는 책이다. 현재 전 세계에 사회정서학습과 관련된 일을 하는 사람은 이 책의 주요 저자들인 모리스 일라이어스Maurice Elias, 조지프 진스Joseph Zins, 로저 와이스버그, 커린 프라이Karin S. Frei, 마크 그린버그Mark T. Greenberg이다. 이들이 이 책에 제시한 내용이 사회정서학습의 기본이다.

카셀이라는 조직을 갖춘 이후에도 사회정서학습은 일리노이주 바깥으로 크게 확장되지 못하다가 대니얼 골먼Daniel Goldman의 책 『EQ 감성지능』이 크게 히트하면서 널리 확산되었다. 이 책이 사회정서학습의 확산에 결정적인 기여를 한 셈이다. 이후 사회정서학습은 미 정부 교육과정으로 확대되었다. 사회정서학습을 지지하는 의원들은 아예 초·중등 교육법에 사회정서학습을 명시하기도 했다.

국영수보다 삶의 기술

교육정책을 결정하는 사람들에게 사회정서학습은 매우 큰 이슈다. 교육의 목적을 바꾸자는 제안이기 때문이다. 사회정서학습을 말하는 이들은 이제 교육의 목적을 문해력과 인지능력에서 즉 국영수에서 삶의 기술로 바꾸자고 제안한다. 과거에는 읽어야 살았기 때문에 읽고 쓰고 셈하는 법을 가르쳤지만, 이제 이런 것은 어디서나 다 가르친다. 그러니 교사는 사는 법을 가르쳐야 한다는 것이다. 실제로 영국에서는 고등학교를 졸업하고 성인이 되기 전에 결혼과 경제, 연애를 가르친다.

우리도 최근 부동산 전세 사기 피해자가 대부분 젊은이 아닌가? 이런 문제를 고등학교에서 미리 가르치는 것이다. 거기에 더해 모리스 일라이어스는 2003년 「학술적, 사회적, 정서적 학습 Academic and social emotional learning」이라는 짧은 논문을 통해 학습은 반드시 돌봄을 필요로 하며 돌봄 없는 학습은 이제 불가능하다고 주장한다.

서울의 대안 학교인 '성장학교 별'(별칭 '별 학교')에서는 사회정서학습을 실험적으로 시행하고 있다. 그중 하나로 별 학교에서는 사회 인식의 차원에서 마을 어른들의 특강을 시작해 보았다. '디지털프라자' 특강, 꼬치집 특강, 문방구 특강, 교회 목사님 특강, 파출소 소장님 특강… 이런 강의를 몇 학기 동안 계속했다. 이런 걸

하면 어떤 효과가 있을까? 학생들에게 지역사회에 대한 신뢰가 생긴다. 또 지역사회가 청소년들을 품어 준다. 아이들이 지역사회에서 실수를 하거나 곤경에 처했을 때 어른들이 인지하고 도움을 주며, 아이들도 지역사회의 일에 참여하게 되는 경험을 갖게 된다.

성장학교 별에서 사회 정서 역량을 높이기 위해 선택한 수업 접근 중 하나로 '커뮤니티 서비스 러닝 community service learning'이 있다. 흔히 서비스 러닝을 '봉사 학습'이라고 번역하는데, 사실 이 번역어는 서비스 러닝의 정신과 잘 맞지 않는다. 목적 의식적으로 번역하면 '지역사회 공동체 참여 학습'이 더 정확하다. 별 학교에서는 노인복지관과 예절원에 이런 서비스 러닝을 많이 다녔다. 이런 활동을 하고 나면 노인들이 청소년을 보는 관점이 달라진다.

한번은 별 학교 학생들이 관악문화예절원의 노인분들과 함께 한 학기 동안 절하기와 서예 수업을 받은 적이 있다. 참여했던 청소년들이 노인분들과 이야기하다 예절원 노인분들의 강사비가 적다는 것을 알게 되었고 이에 대해 구청에 건의를 했다. 그래서 구청에서 실제로 강사비를 올려 주기로 결정했다. 이 소식을 들은 노인분들은 청소년들이 그런 일을 할 줄 몰랐다며 크게 감동했다. 감사의 뜻으로 아이들이 강감찬축제를 할 때 노인분들이 서예로 참여자들의 가훈을 써 주기도 했다. 이런 방식의 수업, 참여, 소통과 교환 그리고 협력은 배움이 삶 및 사회와 유리되지 않는다는 느낌을 준다. 사회정서학습, 연결, 사회적 참여의 고리가 이어지는 순환의 학습을 꿈꾼다.

사회정서학습을 시도한 성장학교 별의 수업 시간표를 소개하면 다음의 표와 같다. 성장학교 별은 무학년, 다연령 학급제이다. 이 시간표를 운영할 당시에는 60명 내외의 청소년이 다녔는데, 학기마다 담임을 다르게 선택할 수 있는 '담임 공약 및 선택제'(담임교사가 공약과 함께 학기 운영 방식을 제시하면 학생들이 선택해 참여하는 방식)를 운영했다.(현재는 학생 구성에 변화가 생겨 청년들과 청소년 중 청년의 비중이 더 늘어난 상태다. 또한 학생 수가 줄어든 데다 학생이 청소년, 초기청년, 청년의 세 그룹으로 나뉘어 있기 때문에 '담임 공약 및 선택제'는 더 이상 유지하지 않는다.)

성장학교 별의 교육과정과 수업 시간표는 1/3의 법칙에 따라 학생, 학부모, 교사 들의 협의에 따라 구성한다. 학생들은 자신의 선택으로 수업에 참여한다. 이 시기의 수업도 이 법칙에 따라 구성된 것으로, 수업에 참여하는 학생 수는 3명부터 20명까지 다양했다. '둔감력, 낙관주의, 갈등 해결, 반편견, 감정 사용하기'가 대표적인 사회정서학습형 수업이고 '치유 산행과 노손도손(노인 복지관 지역사회 공동체 수업)'은 지역사회 참여형 수업이다. 또 '자전거 탄 별'은 자전거를 배우고 타러 나가는 시간, '세상을 보는 네모난 눈'은 시사 토론 시간이다. '스타 숍'은 학교에서 판매할 물

성장학교 별의 2010년 2학기 시간표

	월	화	수	목	금
			여는 모임		
1교시 10:30- 11:20	프레네 수업 1	1. 반편견 2. 포토샵 3. 중등 사회 4. 중등 과학 5. 성장 소설	1. 감정 사용하기 2. 한지 공예 3. 세상을 보는 네모난 눈 4. 스타 숍 6. 신문사	1. 미술 치유 1 2. 미술 치유 2 3. 개별 미술 4. 태권도 5. 목공	1. 성교육 1 2. 성교육 2 3. 소녀를 말하다 (여학생회) 4. 중국어 회화 (원어민) 5. 피아노 6. 대화법
2교시 11:30- 12:20	1. 근현대사 2. 중등 수학 3. 합창 4. 급수 한자 5. 기초 일본어	부서 회의	1. 원예 치유 2. 종이접기 3. 세상을 보는 네모난 눈 + 4. 스타 숍+ 5. 신문사+	1. 미술 치유 2. 미술 치유 3. 미술사 4. 한국사 5. 목공+	1. 경제 2. 오카리나 3. 중국어 회화 4. 중국어 5. 탁구
3교시 13:30- 14:20	1. 둔감력 2. 연극 3. 갈등 해결 4. NIE (신문 활용 수업) 5. 국어 문법	1. 축구 2. 치유 산행 3. 치유 요가 4. 별별 체육 5. 자전거 탄 별	1. 필수 영어 1 2. 필수 영어 2 3. 필수 영어 3 4. 필수 영어 4	1. 필수 수학 1 2. 필수 수학 2 3. 필수 수학 3 4. 필수 수학 4 5. 필수 수학 5 6. 개별 수학	1. 밴드부 2. 노손도손 3. 요리 4. 순간의 미학 5. 풍물
4교시 14:30- 15:20	1. 낙관주의 2. 연극 3. 사회 문화 4. 힙합 5. 볼링	1. 축구+ 2. 치유 산행+ 3. 요가+ 4. 별별 체육 5. 자전거 탄 별	프레네 수업 2	전체 회의	1. 밴드부+ 2. 노손도손+ 3. 요리 4. 순간의 미학 5. 풍물
5교시 15:30- 16:20	1. 고등 영어 2. 기초 수학 3. 기타 & 보컬 동아리	1. 임원 회의 2. 멘토 3. 인형 만들기 4. 고등 수학 5. 고등 국어	1. 초등 영어 2. 기초 일본어 3. 중등 수학 4. 고등 과학	1. 중등 과학 2. 중등 수학 3. 독서 토론 4. 드럼 기초 5. 소품 만들기	
6교시 16:30-			1. 중급 일본어		

품을 만드는 시간, '순간의 미학'은 핸드폰으로 사진 찍기를 배우는 시간이다. 그 외에 부서 회의, 전체 회의 등의 회의가 있으며, 프레네 수업은 반별 활동 시간이다.

시간표는 한 학기를 마칠 무렵 평가를 나눈 뒤 일부 수정했다. 지속적으로 배우고 싶은 주제나 활동은 보완하거나, 추후 협동조합이나 동아리 등을 통해 추구했다. 주로 상근하는 성장학교 별 교사('별지기'라고 부름)가 수업을 운영했지만 때로 시간 강사나 자원봉사자가 운영하기도 했다. 시간표를 만들 때 학생들의 흥미와 참여를 최대화하고자 했다. 학생들이 스스로 참여하고 싶도록 하고, 또 운영에도 최대한 관여할 수 있게 하는 프레네 및 제도적 교육학의 동기 증진 및 참여 모델을 반영해 현실화하고자 노력했다.

여러 교육을 통합적으로

다음 그림은 사회정서학습 하면 꼭 나올 만큼 유명한 그림이다. 사회정서학습을 하기 전에는 미국 학교들도 우리와 비슷했던 모양이다. 자살 예방 교육부터 마약 예방 교육, 임신 예방 교육, 에이즈 교육, 비행 예방 교육, 스트레스 예방 교육 등등 학교에서 청소년들에게 하라는 프로그램이 수십 가지나 되었다. 이 모든 교육을, 그것도 수업 시간 외에 하다 보면 효과는 미미한데 교사의 업무가

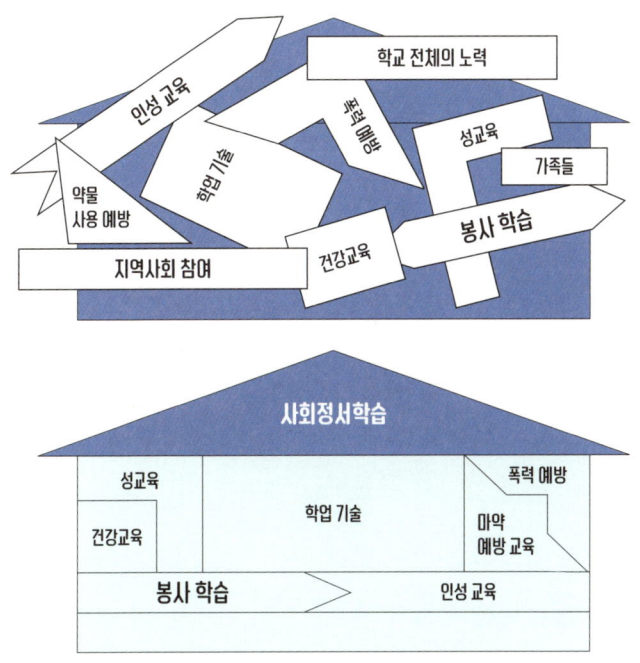

온갖 프로그램이 뒤죽박죽 비일관적인 학교와,
사회정서학습으로 통합되어 시너지를 내는 학교

폭증했다. 그런데 사회정서학습이 들어오면서 이 모든 것을 통합적으로, 사회정서학습 안에 녹여서 할 수 있게 되었다. 여러 교육을 개별적으로 하기보다 지금 아이들의 삶의 기술 향상을 위해 필요한 것이 무엇인지를 전체적으로, 사회정서학습이라는 목표 아래에서 조정해서 하는 모델이 결국 학교에 더 큰 도움이 된다는 공감대가 퍼진 것이다.

카셀 홈페이지를 보면 미국에서는 주 정부에서 연방 정부로, 연방 정부에서 또 별도의 프로그램으로 확산되어, 우리나라식으로 말하면 3000개 이상의 교육청에서 사회정서학습을 하고 있음을 알 수 있다. 가히 미국의 국민 교육 프로그램이 된 것이다. 미국에서는 사회정서학습이 차지하는 비율이 높은 학교의 아이들이 고등학교를 더 많이 졸업하고 이후 직업에서도 성공하며 민주 시민으로도 더 잘 성장하고 정신 건강도 훨씬 나아진다는 연구 결과가 나왔다. 처음에는 학교 폭력과 마약 때문에 시작했지만, 범죄도 감소하고 시민 참여 가능성도 증가한 것이다. 그러자 사회정서학습의 핵심으로 강조하는 점이 달라졌다. 이제 사회정서학습은 삶의 기술일 뿐만 아니라 사회가 민주적으로 바뀌는 데 크게 기여하는 교육이라고 말한다. 유네스코와 여러 교육자는, 흔히 말하는 민주 시민 교육을 따로 하지 않아도 사회정서학습을 어렸을 때부터 꾸준히 하면 민주 시민의 자질이 높아진다고 주장한다. 2011년에 더랙Durlak 등이 27만 명 이상이 참여한 213개 연구를 두고 메타 분석을 했더니, 사회정서학습을 한 집단은 학업 성취도가 비교 집단보다 평균 11퍼센트 높아지는 등 크게 향상되었고, 사회 정서 기술이 높아졌고, 친사회적 행동과 사회성 있는 행동이 늘어났으며, 행동 문제와 불안 및 우울은 감소했다는 결과가 나왔다.[1]

사회정서학습은 명확한 목표와 가치를 지향하는, 목적의식이 분명한 교육과정이다. 아이들이 자신의 분노를 잘 조절해 폭발하지 않도록 돕고, 자기 의사를 더 잘 표현하도록 돕는다. 또 참여 능력을 갖게 하고 스스로 더 건강해지도록 하며 대처 기술을 갖게 해서 아이들이 더 많은 기회를 갖도록 한다.

사회정서학습은 그 용어만 쓰이지 않았을 뿐 이미 다양한 방식으로 우리 학교 현장에서 여러 교사가 시도해 왔다. 교실 현장의 필요와 교사들의 헌신으로 운영되어 온 사회정서학습이 이제 전면적으로 요구되는 시대에 와 있을 뿐이다. 우리 학교에서 진정으로 아이들에게 배우고 가르쳐야 할 것이 무엇인지에 대해 대전환이 시작되어야 한다.

1부

1부에서는 이론부터 현장 사례까지 사회정서학습의 이모저모를 살펴본다.
먼저 사회정서학습의 기본적인 정의와 개념 체계 등을 알아본 뒤,
사회정서학습에서 중요하게 다루는 5가지 사회 정서 역량을 꼼꼼히 분석한다.
사회정서학습을 이미 실천하고 있는 미국, 영국, 덴마크의 사례도 소개한다.
국내에서는 대안 학교인 성장학교 별에서 사회정서학습을 도입한 바 있다.
별 학교의 사례 또한 살펴본다.

1장

사회정서학습이란?

−최와니

1
사회정서학습의 정의

사회정서학습이라는 용어는 1994년에 처음 만들어졌다. 카셀에서 이 개념을 처음 체계화했다.[1] 카셀은 사회정서학습을 다음과 같이 정의했다.

"모든 아동과 성인이 건강한 정체성을 형성하고, 감정을 관리하고 자신과 집단의 목표를 성취하며, 타인에 대한 공감을 느끼고 보여 주며, 타인과 도움을 주고받는 관계를 형성 및 유지하며, 책임 있고 배려심 있는 결정을 내리는 데 필요한 지식, 기술, 태도를 습득하고 적용하는 과정."[2]

쉽게 말하자면 사회정서학습은 우리가 인생을 잘 살아가는 데에 필요한 사회 정서 역량을 기르는 과정[3]이다. 여기서 중요한 것은 '학습'이 아니라 '과정'이라는 점이다. 사회정서학습은 단순한 일회성 교육이 아니라 지속적이고 종합적인 발달 경로를 통해 이루어진다는 뜻이다.[4]

2020년, 카셀은 학생들의 다양한 배경과 문화를 더 잘 반영하고 교육의 형평성을 강조하고자 기존의 정의를 다시 손보았다. 새로운 정의는 이렇다.

> "사회정서학습은 신뢰와 협력의 관계, 엄격하고 의미 있는 교육과정과 수업, 지속적 평가를 특징으로 하는 학습 환경 및 경험 구축에 기여하는 학교-가정-공동체의 긴밀한 파트너십을 바탕으로 교육의 형평성과 수월성을 높인다. 사회정서학습은 다양한 형태의 불평등 문제를 해결하고, 아동과 성인이 함께 성장하는 학교를 만들며 이들이 안전하고 건강하고 공정한 공동체에 기여할 수 있도록 돕는다."[5]

사회정서학습은 교육 환경의 변화와 요구에 따라 계속 발전해 왔다. 지금은 단순한 감정 관리나 대인 관계 기술 이상의 훨씬 더 포괄적인 개념이 되었다. 학생들이 복잡한 현대사회에서 성공적으로 살아가는 데에 필요한 종합적인 역량을 키우는 것이 목표이다. 최근에는 특히 형평성이나 문화적 감수성, 사회정의 등의 가치가 중요해졌다. 사회정서학습은 단순히 공부만 잘하는 학생이 아니라 사회적 책임감이 있고 정서적으로도 건강한 시민으로 자라나도록 도와주는 것을 진정한 교육의 목표로 한다.

2
사회정서학습의
개념 체계

카셀의 프레임워크

카셀의 프레임워크CASEL's SEL framework는 사회정서학습 분야에서 가장 널리 쓰이는 모델이다. 이 모델은 제임스 커머 박사의 학교발달프로그램이나 뉴헤이븐사회발달프로그램 같은 기존 연구들을 바탕으로 만들어졌다. 그동안 학생들의 성공에 도움이 된다고 밝혀진 여러 비학업적 기술 중에서 5가지 핵심 역량을 뽑아낸 것이다.[6]

카셀 휠은 동심원의 가운데에 5가지 핵심 역량을 놓고, 그 주변에 4가지 주요 환경을 배치한 모양으로 되어 있다. 아동부터 성인까지 서로 다른 문화와 다양한 발달단계에서 가르치고 사용할 수 있는 5가지 사회 정서 역량은 다음과 같다.

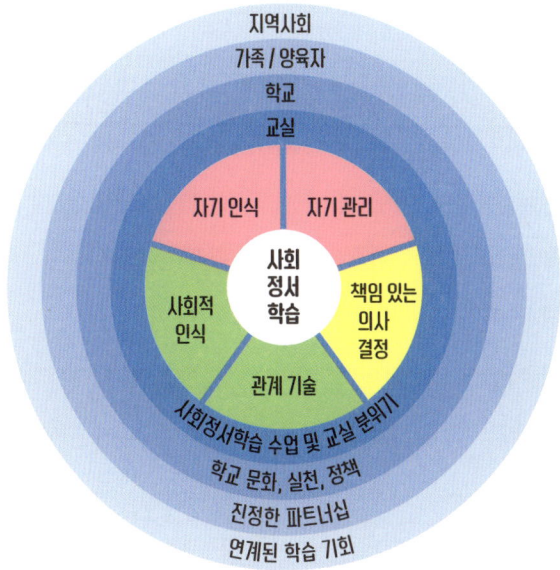

카셀의 사회정서학습 프레임워크

① **자기 인식** self-awareness: 감정과 사고 및 신념을 정확히 파악하고, 이러한 것들이 자신의 행동에 미치는 영향을 이해하는 능력이다. 개인의 강점과 한계를 객관적으로 알고, 긍정적 자아상과 뚜렷한 목표 의식을 갖고 성장을 추구하는 기술을 포함한다.

② **자기 관리** self-management: 다양한 상황에서 자신의 감정과 생각, 행동을 효과적으로 조절하여 개인의 목표를 달성하는 능력이다. 만족 지연 능력, 스트레스 관리, 목표 성취를 위한

동기부여와 자율성 등이 포함된다.

③ **사회적 인식** social awareness : 다양한 배경을 가진 사람들의 관점을 이해하고 공감하는 능력이다. 타인에 대한 연민, 역사적·사회적 배경에 대한 폭넓은 인식, 활용 가능한 지원 체계의 파악 등을 포함하며,[7] 자신과 타인의 정서를 파악하고 그 영향력을 이해하는 사회적 민감성의 바탕이 된다.[8]

④ **관계 기술** relationship skills : 다양한 사람들과 긍정적이고 상호 지원적인 유대 관계를 형성·유지하며 여러 사회적 상황을 능숙하게 다루는 능력이다. 분명한 의사 전달, 적극적 경청, 협력적 태도, 갈등의 생산적 해결, 상황에 따른 리더십 발휘, 도움 주고받기 등 효과적인 의사소통과 갈등 해결을 통한 조화로운 관계 형성이 핵심이다.

⑤ **책임 있는 의사 결정** responsible decision-making : 다양한 맥락을 고려하여 개인적 행동과 사회적 관계에서 신중하고 발전적인 선택을 하는 능력이다. 도덕적 원칙과 안전을 고려하고 행동의 결과를 검토하는 능력, 나와 공동체의 이익을 함께 생각하는 판단력 등이 포함된다. 윤리적 기준에 따라 책임감 있는 결정을 내리는 역량이다.

이 5가지 핵심 역량은 따로따로 존재하는 것이 아니라 서로 깊이 연결되어 있으며 다양한 상황에서 통합적으로 발달한다. 예를 들어 화난 표정을 짓고 있는 친구를 보았을 때 우선 '아, 나도 지금 좀 불편하네.'라고 알아차려야(자기 인식) 당황하지 않고 차분하게 대응할 수 있다(자기 관리). 그리고 '친구가 지금 화가 났구나.'라고 상대방의 감정을 이해하고(사회적 인식) "괜찮아? 무슨 일 있어?"라고 물어볼 수 있다(관계 기술). 또 이 순간에 친구를 위로할지, 그냥 놔둘지를 고민하여 가장 적절한 행동을 선택하게 된다(책임 있는 의사 결정).

카셀의 프레임워크는 이 역량들이 교실, 학교, 가정, 지역사회의 4가지 환경에서 골고루 발달하도록 돕는다. 교실에서는 수업 중 토론이나 협력 학습을 통해 관계 기술을 기르고, 학교 차원에서는 학생 자치 활동이나 또래 상담 프로그램으로 책임감을 키우고 사회정서학습을 위한 문화를 조성한다. 가정에서는 부모와의 대화를 통해 자기 인식을 발달시키고, 지역사회에서는 봉사 활동이나 멘토링을 통해 사회적 인식을 넓혀 간다.[9]

학생들은 서로 영향을 주고받는 다양한 환경 속에서 성장하며, 한 곳에서 배운 것을 다른 곳에서도 자연스럽게 적용할 수 있다.[10] 따라서 학생들을 둘러싼 4가지 주변 환경에서 일관된 메시지와 기회를 제공함으로써 사회 정서 역량의 지속적인 발달을 도모할 수 있다. 학생 개인만 변화시키려고 하면 사회정서학습의 한계가 있을 수 있지만 교사, 부모, 지역사회 구성원 모두가 사회정서학습의 가치를 이해하고 함께 지원하면 소기의 목적을 달성할 수 있을 것이다.

이처럼 카셀의 프레임워크는 개인의 사회 정서 역량 개발과 환경적 지원 체계를 통합적으로 다루며 포괄적으로 접근한다. 5가지 핵심 역량을 중심에 놓고, 그 주변의 4가지 환경을 함께 고려함으로써 사회정서학습이 단순한 교육 프로그램이 아님을 보여 준다. 카셀의 프레임워크는 전인적 성장을 위한 생태학적 시스템이 작동하도록 설계되어, 학생들이 공동체 발전에 기여하는 건강하고 성숙한 구성원으로 성장하도록 돕는다.[11]

유네스코의 프레임워크

유네스코도 사회정서학습에서 교수법적 접근 이상의 가능성을 발견하며 나섰다. '유네스코 마하트마 간디 지속가능발전 및 평화교육센터 UNESCO MGIEP, Mahatma Gandhi Institute of Education for Peace and Sustainable Development'에서는 조금 다른 관점의 프레임워크[12]를 만들었다. EMC^2라는 이름의 이 모델은 '인류의 번영'을 위해 필요한 4가지 핵심 요소를 제시한다.

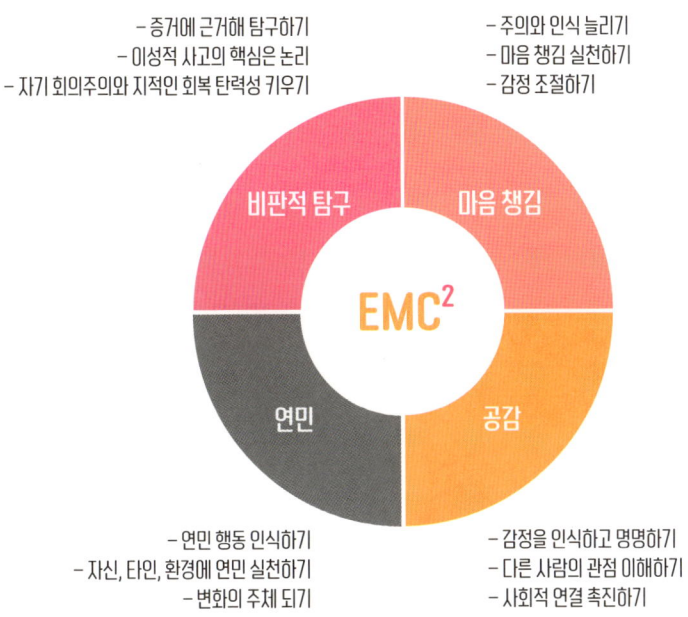

① **공감** empathy: 다른 사람의 감정과 생각, 그들이 왜 그렇게 행동하는지를 이해하고 함께 느끼는 능력이다. 상대방의 입장에서 세상을 바라보고 상대의 경험을 이해함으로써 서로 간의 유대감을 더욱 깊게 만든다.

② **마음 챙김** mindfulness: 지금 이 순간 일어나는 일들을 있는 그대로 받아들이며 주의를 기울이는 것이다. 좋다, 나쁘다를 판단하지 않고 순간순간의 경험에 주의를 기울임으로써 자기 인식을 하고 감정을 다스리는 기초가 된다.

③ **연민** compassion: 누군가의 어려움을 보고 단순히 안타까워하는 것을 넘어 실제로 그들의 고통을 덜어 주기 위해 행동하는 능력이다. 상황을 제대로 파악하고 적절한 방법으로 도움을 주려는 적극적인 행동 의지를 포함한다.

④ **비판적 탐구** critical inquiry: 주변의 사물이나 현상, 아이디어를 그대로 받아들이지 않고 스스로 관찰하고 경험하며 따져 보는 과정이다. 내가 직접 보고 겪은 것을 바탕으로 생각하고 추론함으로써 분석력과 판단력을 기른다.[13]

흥미로운 것은 이 프레임워크가 뇌의 정서 중추는 인지 학습 중추와 밀접하게 얽혀 있음을 보여 주는 최신 뇌과학 연구를 바탕으로 만들어졌다는 점이다. 우리 뇌에서 감정을 담당하는 부분과 학습을 담당하는 부분이 서로 연결되어 있다는 점을 활용한 것이다. EMC^2 프레임워크는 정서적 회복 탄력성을 기르고 친사회적 행동을 증진하는 것을 목표로 한다.[14]

카셀과 유네스코의 프레임워크는 어떻게 다를까?

카셀과 유네스코의 EMC^2 프레임워크 모두 사회정서학습을 위한 체계적인 접근법을 제공하지만 비교해 보면 각각 특색이 있다.

카셀이 개인의 사회 정서 역량 개발에 집중한다면, EMC²는 좀 더 큰 그림을 본다. 예를 들어 세계시민으로서 어떻게 살아갈 것인가, 지속 가능한 미래를 위해 무엇을 해야 하는가 같은 점에 더 주목한다.

두 프레임워크 중 하나를 고르기보다 교육 환경과 목표에 따라 적절히 선택하거나 통합해 활용할 수 있다. 예를 들어 우리나라의 2022 개정 교육과정의 성공적 실현을 위해서는 카셀의 체계적인 접근법과 EMC²의 글로벌 시민 의식 강조점을 결합한 접근법이 효과적일 수 있다. 이러한 통합적 접근은 전인적 성장, 자기 주도성, 공동체 의식, 지속 가능한 미래를 위한 교육을 강조하는 우리 교육과정[15]의 핵심 가치와 잘 부합한다.

학교 현장에서는 카셀의 5가지 역량으로 기초를 다지고, EMC²의 마음 챙김이나 비판적 탐구로 더 깊이 있는 성찰을 이끌어 낼 수도 있다. 아이들이 단순히 공부만 잘하는 것이 아니라 자기 자신을 잘 알고 다른 사람과 더불어 살며 더 나은 세상을 만들어 가는 사람으로 자라도록 돕는 것, 이는 두 프레임워크가 함께 추구하는 목표일 것이다.

그 외에도 여러 프레임워크가 있다. 필요에 따라 다른 사회정서학습 프레임워크도 탐색해 볼 수 있다.[16]

3
사회정서학습의
이론적 기반

아동의 건강한 발달과 성인의 성공적인 삶에 필요한 사회 정서 기술을 효과적으로 교육하려면 탄탄한 이론적 토대가 필수다. "좋은 이론만큼 실용적인 것은 없다."라는 심리학자 쿠르트 레빈^{Kurt Lewin}의 말처럼, 이론은 사회정서학습 프로그램을 설계하고 가르치고 관리하는 모든 이에게 명확한 방향을 제시하는 로드 맵 역할을 한다. 이론을 통해 프로그램의 설계부터 실행, 평가에 이르기까지 체계적인 청사진을 알 수 있고 특정 접근법이 왜, 어떻게 효과적인지 또한 이해할 수 있다. 여기에서는 사회정서학습의 콘텐츠와 실행 전략에 영향을 미친 대표적인 5가지 이론을 살펴본다.[17]

하나. 시스템 이론

시스템 이론 Systems Theories 은 교사와 학생이 배우고 가르치는 환경이 중요함을 강조한다. 브론펜브레너 Urie Bronfenbrenner 는 생태학적 시스템 이론을 통해 환경이 아동의 발달과 성과에 어떻게 영향을 미치는지 확인하고 설명했다. 이 이론은 사회정서학습 프로그램이 단순히 학생 개인에게 기술을 교육하는 것이 아니라 학교 관리자, 교직원, 학부모를 포함한 모든 구성원을 대상으로 포괄적 접근을 취하는 토대가 되었다. 또한 학교 문화와 분위기를 고려하는 사회정서학습 접근법 설계가 중요하게 받아들여지고, 많은 프로그램이 환경 평가 요소를 포함하게 된 이유이기도 하다.

둘. 학습 이론

학습 이론 Learning Theories 중 특히 밴듀라 Albert Bandura 의 사회 학습 이론은 사회정서학습 프로그램 설계에 중요한 통찰을 제공한다. 사회 학습 이론은 역할 모델링, 언어적 지도, 감독과 피드백 및 지원과 같은 사회적 상호작용이 새로운 행동 습득에 결정적인 영향을 미친다는 점에 주목한다. '건강한 아이 키우기 Raising Healthy Children' 프로그램은 이런 원리를 활용하여 학교와 가정에서 정보,

기술, 행동을 모델링하고 강화하며 실천할 수 있도록 설계되었다.[18] 마찬가지로 '케어 Care, Cultivating Awareness and Resilience in Education' 프로그램도 교사가 감정 기술, 마음 챙김, 스트레스 감소 기법을 경험한 후 학생들이 모델링할 수 있도록 지원한다.[19]

성인 학습 이론도 사회정서학습에서 중요한데, 특히 교사 교육과 부모 교육에 비중을 둔다. 맬컴 놀스 Malcolm Knowles 가 제시한 성인 학습의 6가지 원칙 즉 학습 가치 명확화, 자기 학습 책임감, 경험과 지식 연결, 목표 지향적 교육, 실용적 적용법 제시, 교육자에 대한 존중은 사회정서학습의 내용과 교육자 훈련 방식을 결정하는 데 영향을 미쳤다.

셋, 아동 발달 이론

아동 발달 이론 Theories of Child Development 은 연령별, 발달단계별로 아동의 인지적·사회적·정서적 능력이 어떻게 발전하는지 설명하며, 나이와 발달단계에 맞는 시나리오, 언어, 활동을 통합한 프로그램을 만드는 기반이 되었다. 예를 들어 '공감의 뿌리 Roots of Empathy' 프로그램은 유치원, 초등 저학년·고학년, 중학교별로 세분화된 커리큘럼을 제공한다. 이를 통해 5~14세 아동의 공감력과 사회적 문제 해결 능력이 발달단계에 맞게 지속적으로 향상될 수

있도록 한다.[20]

또한 이산 감정 이론, 핵심 정서의 순환 모델, 감정에 대한 기능주의적 접근법 등의 정서 발달 이론은 학생들이 다양한 연령대에서 습득하는 정서적, 사회적 기술의 수준을 이해하는 데 중요한 역할을 한다. 학생들이 감정을 식별, 이해, 관리하는 등의 기술을 개발하는 데 필요한 정보와 경험의 유형을 파악하는 데도 도움이 된다.

PATHS Promoting Alternative Thinking Strategies (대안적 사고 전략 촉진) 프로그램도 감정 발달과 심리 분석적 발달 이론에 근거하여 감정 식별, 표현, 관리에 대해 연령에 적합한 교육을 제공한다.[21] 정서 발달 이론들은 학생들이 각 연령대별로 갖추어야 할 정서적, 사회적 능력과 이를 향상시키기 위해 필요한 경험의 유형을 와닿게 하는 데 도움을 주었다.

넷, 정보 처리 이론

정보 처리 이론 Theories of Information Processing 은 정보가 어떻게 인식·습득·저장·접근·활용되는지를 설명한다. 이 이론에 기반하여, 사회정서학습 내용을 효과적으로 전달하고자 할 때 시각적·언어적 단서, 유추, 그래픽 조직자 등을 활용한다. PATHS 프로그램에서 사용하는 교통 신호등 모양의 포스터는 행동 조절 단계를 시각적으로 표현한 좋은 예이다. 또한 널리 알려진 '거북이 기법'은 3가지 단계(멈춤-심호흡-문제와 감정 표현)로 이야기를 시각화하여 어린이들이 감정 조절 단계를 잘 기억하고 적용하도록 돕는다.[22]

다섯, 행동 변화 이론

사회정서학습의 목표 중 하나는 개인과 조직에 지속 가능한 행동 변화를 불러일으키는 것이다. 행동 변화 이론 Theories of Behavior Change 은 아이들이 사회 환경으로부터 친사회적, 반사회적 행동 습관을 어떻게 배우는지 설명하고 참여 기회, 기술 습득, 강화 요인이 어린이들의 상호작용과 선택에 어떤 영향을 미치는지 분석한다.

행동 변화 이론에 기반하여 학교와 가정에 대한 긍정적 유대를 형성하는 프로그램이 설계되었다. 대표적인 프로그램인 '긍정적 행동 Positive Action'은 긍정적인 자기 인식과 조절을 바탕으로, 학생들이 학교와 가정에서 목표 설정, 자기 강화, 긍정적 피드백 등을 통해 바람직한 행동을 습관화하는 프로그램이다.[23]

이 외에도 계획된 행동 이론, 합리적 행동 이론 등 사회 인지 이론들은, 사회정서학습 프로그램 개발자들이 학생들의 신념 체계를 변화시키고 행동 변화를 유도하는 메커니즘을 설계하는 기반을 제공한다. '약물 없는 건강한 삶Too Good for Drugs' 프로그램은 다양한 사회적 환경에서 부정적 압력에 저항하는 기술을 훈련하고 행동 변화에 필요한 자신감과 기술을 개발하는 데 초점을 둔다.[24] '세컨드 스텝Second Step' 프로그램에서는 타인의 관점을 고려하는 데에 중점을 둔 토론과 역할극을 통해 다른 사람을 존중하는 방식으로 갈등을 전환하는 법을 가르쳐 단계적으로 행동 변화가 일어나도록 돕는다.[25] 혁신 확산 이론은 사회정서학습 프로그램이 학교 시스템 내에서 어떻게 수용되고 채택되는지 이해하는 데 유용하다. 이 이론에 따르면 효과적인 사회정서학습 전략 개발을 위해 구성원들의 변화 수용 단계에 따라 차별화된 지원, 훈련과 코칭을 제공해야 한다.

이렇듯 사회정서학습의 내용과 방법은 다양한 이론을 바탕으로 형성되었다. 시스템 이론은 사회정서학습이 작동하는 환경의 중요성을, 학습 이론은 효과적인 전달 방법을, 아동 발달 이론은 연령에 적합한 내용을, 정보 처리 이론은 효과적인 정보 전달과 기억 전략을, 행동 변화 이론은 지속 가능한 실행 방법을 제공한다. 이러한 이론들을 통합적으로 적용함으로써 사회정서학습은 프로그램의 설계부터 실행, 평가, 지속에 이르는 전 과정에 체계적으로 접근할 수 있도록 했다. 이론에 기반한 사회정서학습의 발전은 더 사회적이고 정서적으로 유능한 개인을 길러 내는 중요한 기반이다.

2장

사회정서학습의 현장들

−최와니

1
미국 일리노이주, 사회정서학습의 선구자

미국 일리노이주는 공교육에서 사회정서학습의 기반을 체계적으로 다진 대표적인 사례로 평가받는다. 일리노이주에서는 왜 사회정서학습이 필요했으며, 어떻게 사회정서학습을 주 교육과정에 성공적으로 안착시켰을까? 그 과정을 살펴보자.

1990년대 후반, 일리노이주 일부 지역에서 학생들이 학교에 가지 않거나 학업을 중간에 그만두는 일이 증가했다. 또 학교 폭력과 총기 사건이 잦아지는 등 여러 문제 행동이 심각한 사회문제로 떠올랐다. 이러한 위기 상황을 해결하기 위해 2002년에 일리노이주에서는 아동 정신 건강 태스크 포스[TF] 리더들이 모여 대책을 논의했고 이듬해에 「아동 정신 건강─일리노이주의 최우선 정책

Children's mental health: An urgent priority in Illinois」이라는 보고서를 발표했다. 이 보고서에는 0세부터 18세까지 아이들의 종합적인 정신 건강을 위해 문제에 조기 개입할 것과, 성공적인 학교생활을 위해 사회정서학습이 필요하다는 주장이 담겼다.

이 보고서를 근거로 '2023 아동 정신 건강법 Children's Mental Health Act of 2023'이 마련되었고, 일리노이주 교육위원회는 미국 최초로 유치원생부터 12학년 학생까지 모든 학년을 위한 사회정서학습 표준 체계를 수립했다.[1] 공립학교의 교육과정에 사회정서학습을 통합하는 기반이 마련된 것이다.

일리노이주의 사회정서학습 표준 체계는 다음의 3가지 목표를 중심으로 구성되었다.

1. 자기 인식 및 자기 관리 능력을 향상한다.
2. 타인에 대한 사회적 인식과 대인 관계 기술을 강화한다.
3. 책임 있는 의사 결정 기술을 기른다.[2]

이러한 목표는 '목표-성취 기준-성취 수준-활동 내용'의 피라미드 구조로 조직되었으며, 학생의 발달단계에 따라 구체적인 활동을 통해 사회정서역량을 개발할 수 있도록 설계되었다. 사회정서학습 도입 시기에 제시된 이 표준 체계 덕분에 교육 현장에서

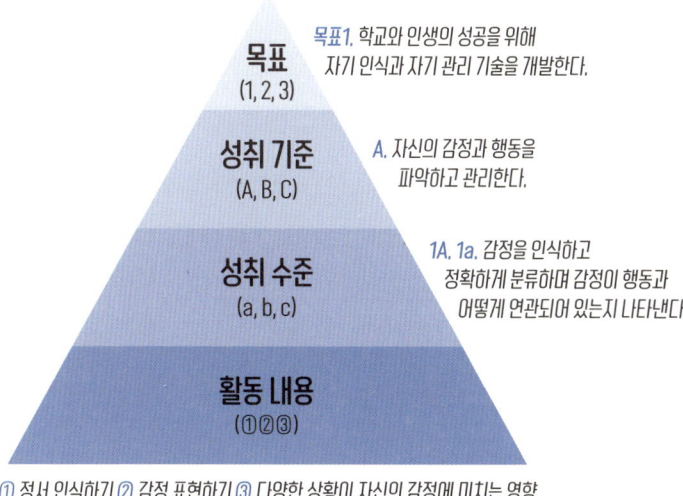

일리노이주 사회정서학습의 표준 체계 중
'자기 인식과 자기 관리' 영역 예시: K-초 3학년

사회정서학습을 일관성 있고 효과적으로 시행할 수 있었다.

또한 주 정부에서는 예산을 충분히 확보했다. 학교에서 필요한 사회정서학습 프로그램을 구입할 수 있도록 지원했고 교사 연수와 코칭, 사회정서학습 자료와 교수 학습 방법 등을 제공했다. 시카고공립학교CPS에서는 이러한 지원을 토대로 긍정적 행동 개입 및 지원PBIS, Positive Behavioral Interventions and Supports, 평화의 대화 모임Peace

Circles, '세컨드 스텝' 프로그램 등 여러 우수한 프로그램을 도입했으며, 사회정서학습 리더 교사를 배치해 성공적으로 운영했다.[3]

　일리노이주의 성공에 힘입어, 다른 주에서도 사회정서학습 표준을 제정하고 교육과정에 적극 반영하기 시작했다. 2024년 9월을 기준으로 미국 내 전체 학교의 83퍼센트가 사회정서학습을 하고 있으며, 대부분의 주에서 사회정서학습을 적극 지지하는 교육 정책을 수립했다.[4] 사회정서학습의 효과가 학업 성취, 생활 태도, 정신 건강, 학교 문화 개선 등 광범위한 부분에서 입증된 덕분에 장기적인 교육 회복을 위해 꼭 필요한 전략으로 꼽히게 된 것으로 볼 수 있다.

2
유네스코, 사회정서학습의
세계화 촉진 기구

 카셀이 시작한 사회정서학습은 미국을 넘어 세계적으로 확대되면서 국제적으로 새로운 교육 패러다임이 되어 갔다. 유네스코도 나섰다. 유네스코에서는 사회정서학습을 학습자의 전인적 성장과 인류의 지속 가능한 미래를 위해 필수적인 교육 요소로 새롭게 개념화하여 국제적 확산을 적극적으로 추진했다.

 2009년, 유네스코는 세계 140여 개국의 교육부 장관에게 '사회정서학습 실행을 위한 10가지 기본 원칙이 담긴 권장서'를 보내[5] 사회정서학습이 전 세계 교육계가 나아가야 할 공통적이고 보편적인 교육 과제임을 밝혔다. 교육 현장에서 공감, 감정 인식, 협동심, 윤리의식 등의 친사회적인 행동과 기초 역량을 반드시 가르쳐야 한다고 주장하며, 사회정서학습을 각 국가의 교육정책에 반영할 것을 촉구했다.

2012년 인도 뉴델리에서는 '유네스코 마하트마 간디 지속가능 발전 및 평화교육센터'가 조직되었다. 간디의 이름을 따서 설립된 이 연구소는 '더 친절한 두뇌 만들기 Building Kinder Brains'라는 비전 아래 전 세계적으로 평화롭고 지속 가능한 사회를 만들기 위한 교육 연구 기관이다. 이곳에서 만든 사회정서학습 프레임워크는 인류의 번영을 목표로 '공감, 마음 챙김, 연민, 비판적 탐구'를 4가지 핵심 역량으로 구성했다.[6] 사회정서학습에 마음의 평화, 정신 건강, 윤리적 실천 등 더 깊고 철학적인 측면까지 포함한 것이다.

2021년 11월, 유네스코는 「함께 그려 보는 우리의 미래」라는 보고서에서 사회정서학습의 중요성을 다시 한번 분명하게 알렸다. 교육제도를 다룰 때 인지적 측면을 반드시 문제 해결 능력, 창의적이고 혁신적인 사고와 결합해야 하며, 교육과정에 자기 인식, 감정 학습과 사회정서학습을 포함해야 한다는 입장을 명확히 밝힌 것이다.[7] 이러한 움직임은 기후 위기, 사회 불평등 심화 같은 21세기에 마주한 복잡하고 불확실한 도전들 때문이다. 19세기 산업화 시대부터 현재까지 이어져 오고 있는 교육 시스템으로는 이런 문제들을 해결할 수 없다는 위기감이 있었다.

최근 유네스코는 「교육 시스템에서 사회정서학습의 주류화

Mainstreaming social and emotional learning in education systems」라는 정책 가이드를 발간하며 사회정서학습에 종합적으로 접근하고 있다. 이 보고서에서는 사회정서학습을 인지적, 정서적, 사회적, 행동적 요소가 균형 있게 상호 영향을 미치는 학습 과정으로 새롭게 정의했다. 특히 눈여겨볼 사항은 사회정서학습을 세계시민 교육, 지속 가능 발전 교육, 행복한 학교 프레임워크 같은 유네스코의 다른 프로젝트들과 연결했다는 점이다. 이로써 '교육을 통한 평화로운 공존과 지속 가능한 사회 구현'이라는 유네스코의 장기적인 로드맵 안에 사회정서학습이 분명히 자리 잡게 되었다.[8]

유네스코의 접근 방식이 우리에게 시사하는 바는 사회정서학습은 단순히 감정 조절과 사회적 기술을 함양하는 교육이 아니라는 것이다. 아직 우리나라에서는 사회정서학습을 독립적이고 분절적인 정서 프로그램이나 생활지도 정도로 받아들이는 경향이 있는데, 사회정서학습은 인류와 공동체, 지구촌에 대해 깊이 있게 사유하고 성찰하는 학습 구조로, 훨씬 깊고 넓은 개념이다.

사회정서학습은 학생들이 불확실성과 변화로 앞을 예측할 수 없는 미래라는 도전에 대응하는 힘을 기르는 동시에 정서적 건강과 학업적 성취를 함께 향상시키는 교육이다. 교실에서 사회정서학습을 실천할 때, 단순히 감정 조절 방법이나 사회성 함양 기술에만 집중하지 말고 학생들이 세계와의 관계 속에서 자신의 정체성을 형성하고 책임감 있는 시민으로 성장하도록 도와야 한다. 사회정서학습을 평화 교육, 세계시민 교육, 지속 가능 발전 교육 등과 유기적으로 결합한다면, 교과 수업에 사회정서학습을 적용하는 것을 어렵게 여기는 교사들의 현실적인 걱정도 덜 수 있다.

3
덴마크의 공감 교육,
클라센스 티드

　세계행복보고서에서 늘 상위권 자리를 지키는 덴마크.[9] 하지만 1980년대만 해도 덴마크는 높은 자살률[10]과 낮은 삶의 만족도로 어려움을 겪었다. 긴 겨울과 혹독한 기후는 사람들을 더욱 우울하게 만들었다.

　이런 위기 상황에서 덴마크는 인식을 전환했다. "행복은 타고나는 것이 아니라 배우는 것"[11]이라고 생각하기 시작한 것이다. 성인에게는 소소한 일상에서 즐거움을 찾는 행복의 철학, 휘게^{hygge}를 퍼뜨리고, 다음 세대를 위해서는 공감 능력을 체계적으로 기르는 교육을 시작했다.[12] 『행복을 배우는 덴마크 학교 이야기』를 쓴 저널리스트 제시카 조엘 알렉산더^{Jessica Joelle Alexander}는 이 책에서 덴마크 사람들의 행복 비결은 자유로운 놀이 문화, 학업 성취보다 삶의 질을 추구하는 가치관, 실패나 죽음과 같은 무거운 주제로도 진솔하게 나누는 대화, 그리고 무엇보다 공감 능력을 키우는 정규 교육과정의 '클라센스 티드 Klassens Tid(학급의 시간)'에 있다고 분석했다.[13]

클라센스 티드는 1993년부터 덴마크의 초·중등학교 교육과정에 필수로 편성된 것으로, 매주 한 시간의 '학급의 시간'을 통해 학교에서 민주주의를 구현하는 혁신적 교육 모델이다. 이 시간은 단순한 학급회의 시간이 아니다. 학생들의 정서적 안녕과 공동체 의식, 자율성과 공감 능력을 종합적으로 기르는 특별한 시간이다.

이 시간이 되면 학생들은 둥글게 앉아 각자의 문제를 나누고 서로의 이야기를 경청한다. 편안한 분위기에서 학급 내 갈등이나 개인적 고민, 감정 등을 자유롭게 나누고 함께 해결책을 찾는 것이 이 시간의 목표다. 학생들은 아늑하고 심리적으로 안전한 환경에서 자신의 감정을 표현하고 타인의 감정에 공감하는 방법을 배운다.[14] 특별히 논의할 문제가 없다면 학생들은 함께 모여 공동체 놀이를 하거나 휘게를 즐기거나, 이 시간을 위해 직접 구운 '수업 시간 케이크 Klassen Tid Kage'[15]를 나눈다.

클라센스 티드의 교육 성과는 분명하다. 모든 사람의 의견이 반영되는 안전한 공간에서 자신과 타인의 감정을 이해하고 공감하는 이 시간은 학생 간 유대감 강화에 크게 기여한다. 흔히 우리는 공감 능력을 선천적인 기질로 치부하는데 덴마크의 교실은 이런 통념을 받아들이지 않았다. 진정한 경청과 이해를 바탕으로, 공감이 체계적으로 훈련 가능한 기술임을 증명했다.

덴마크 교실에서는 구조화된 공감 훈련 도구인 캣키트CAT-kit, Cognitive Affective Training-kit를 사용해 공감 교육의 효과를 더했다. 캣키트는 다양한 시각적 구성 요소를 사용해 자신과 타인의 감정을 인식하고 적절히 의사소통하는 능력을 기르는 훈련 키트이다.[16] 이를 활용하면 학생들의 감정 표현에 초점을 맞추어 사회적 의사소통 기술을 함께 발달시킬 수 있다. 또 교사가 학생들의 복잡한 감정 상태를 빠르게 파악하여 적절한 공감적 반응을 할 수 있다.

캣키트는 단순한 도구 이상이다. 교실의 모든 아이가 자기 생각과 감정을 편안하게 표현하도록 하고 이에 대응하는 교사의 사회정서적 전문성도 함께 높임으로써, 학생들의 전인적 발달을 돕는 종합적인 프로그램 역할을 한다. 또한 클라센스 티드와 함께 시너지 효과를 내어 교실에서의 공감 교육과 사회적 의사소통 역량 신장에 기여한다. 현재 9개 언어로, 인쇄물과 앱 2가지 버전으로 제공되고 있다.

우리나라에서는 인성 교육이나 감정 교육을 일회성 행사로 캠페인하듯 하고 마는 경우가 많다. 하지만 덴마크는 공감 교육에 매주 정해진 시간을 제도적으로 편성하고, 체계적인 도구를 활용하여 정서적 역량을 꾸준히 길러 내고 있다.

 우리도 학교와 교실을 정서적으로 지지적이고 안전한 공간으로 만들어 학생들이 자신의 이야기를 편하게 할 수 있는 분위기를 조성하는 것이 최우선으로 필요하다. 그 공간에서 학생들은 개개인의 정서적 안녕이 공동체 차원에서 돌보아진다는 느낌을 받으며 서로를 깊이 이해하고 돌보고, 협력적인 태도로 문제를 함께 해결하는 민주적인 삶을 실천할 수 있어야 한다. 행복은 타고나는 것이 아니라 교육을 통해 훈련되는 것이고 공감은 그 중심에 있는 핵심 역량이다. 덴마크는 이것을 교실에서 실현하고 있다. 우리도 할 수 있지 않을까?

4
영국의 관계 중심 교육, PSHE

영국에서도 관계 중심 교육을 국가 차원의 교육에 반영했다. 영국의 관계 중심 교육으로 PSHE Personal, Social, Health and Economic Education (개인·사회·건강·경제 교육)가 있다. 영국도 1980~1990년대에 학교폭력, 10대 임신, 약물 남용 등 청소년의 위험 행동 증가가 사회문제로 대두된 바 있다. 이에 대응해 개인적·사회적 발달 교육 및 건강 교육을 학교 교육에 포함하려는 시도가 시작되었다. 그 일환으로 2000년대 초반 PSHE가 비법정 교과로 학교에 도입되었고 많은 학교에서 자율적으로 운영해 왔다.

그러다 2017~2019년 사이, 온라인 괴롭힘과 같은 디지털 시대의 위험과 성폭력 문제 등이 사회 이슈로 떠오르면서, 정부 차원에서 관계 교육 및 건강교육을 법정 필수교과로 전환하기로 결정하게 된다. 초등학교에서는 관계 교육RE, Relationships Education을, 중등학교에서는 관계 및 성교육RSE, Relationships and Sex Education을 의무화한 것이다.[17] 학생들이 건강한 관계를 형성하는 데 필요한 삶의 기술을 공교육에서 의무적으로 교육해야 한다고 선언한 셈이다. 교육 정책에서 이제까지 학업 성과를 우선시해 왔던 것에서 벗어나 개인의 안녕과 전인적 발전을 본격적으로 돕기 시작했다.

PSHE는 크게 3가지 핵심 영역 즉 개인적 및 사회적 발달, 건강과 안녕함well-being, 경제적 이해로 구성되어 있으며, 관계 교육은 PSHE의 '개인적 및 사회적 발달' 영역의 핵심 요소 중 하나다. 학생들이 우정, 가족, 온라인 관계 등 다양한 관계 안에서 존경, 책임, 동의의 개념을 배우도록 설계되었다.[18] 사회정서학습의 핵심 요소들을 포함한 관계 교육은 PSHE라는 상위개념의 틀 안에서 학생들의 사회정서학습 역량 함양을 지원한다.

영국의 관계 교육은 학생들의 발달단계에 따라 차근차근 진행된다. 초등 저학년KS(Key Stage) 1-2 단계에서는 친구와 잘 지내는 법, 신뢰가 무엇인지, 나의 경계를 어떻게 세울 건지와 같은 기본적인 내용을 학습한다. 고학년KS 3-4이 되면 친밀한 관계에서 의사소통하는 방법, 내 몸에 대한 자기 결정권, 사이버공간에서 안전하게 행동하는 방식 등 더 심화된 내용을 다룬다. 중등학교에서는 건강한 관계와 유해한 관계를 구분하는 방법, 온라인 안전, 동의의 개념, 정신 건강을 지키는 방법 등 학생들의 연령과 발달 수준에 맞추어 더욱 현실적인 주제를 다룬다.[19]

최근 영국의 관계 교육은 미디어 리터러시와 디지털 시민성을 강조하는 방향으로 확장되고 있다. 소셜 미디어의 영향력, 온라인 관계의 특성, 사이버 따돌림, 디지털 발자국 관리 등 요즘 청소년들이 직면한 새로운 도전들을 교육 내용에 적극 반영한다.[20]

PSHE 교육과정의 장점은 특수교육이 필요한 학생들까지 놓치지 않고 돌본다는 것이다. 특수교육 대상 학생들을 위한 별도의 계획 프레임워크는 모든 주제를 6개 영역(자기 인식, 자기 돌봄, 도움과 보호, 감정 다루기, 변화와 성장, 건강한 생활 방식, 내가 사는 세상)으로 분류하고, 각 영역을 처음 접하는 단계부터 향상 단계까지 나누어 순차적으로 발달할 수 있도록 했다.[21]

특수교육 대상 학생들을 위한 관계 교육은 특히 자기를 지키는 기술self-advocacy, 동의와 경계 설정을 하는 법, 안전한 관계 맺기 등에 중점을 두고 있다. 학생들이 사회적 상호작용에서 경험할 수 있는 취약성을 미리 고려하여, 이들이 자신을 보호하고 건강한 관계를 맺을 수 있는 역량을 키우는 데 초점을 맞춘 교육을 제공하는 것이다.

영국의 PSHE는 학생들의 정체성 탐색, 감정 조절, 자기 존중,

갈등 해결, 책임 있는 의사 결정 등 사회정서학습의 모든 요소를 포괄하는 종합적인 교육이다. 영국의 사례에서 눈여겨볼 점은 관계 교육을 독립된 과목으로 운영하지 않는다는 것이다. 학교생활 전반과 다양한 교과에 관계 교육의 내용과 가치를 녹여 통합적으로 운영한다. 영국에서는 교사들에게 관계 교육의 핵심 가치와 개념을 수학, 과학, 언어, 예술 등 기존 교과에 자연스럽게 통합하도록 장려하며, 이를 위해 체계적인 교사 연수와 자료를 제공한다.[22]

관계 교육의 평가와 모니터링 측면도 주목할 만하다. 학교 감사 ofsted inspection 에서 PSHE의 질을 주요 평가 대상으로 명확히 언급함으로써 관계 교육이 학교 교육의 중요한 요소라는 메시지를 분명히 전달하고 있다.[23]

영국의 관계 중심 교육과정의 체계적 설계, 연령에 따른 발달적 주제 구성, 특수교육 대상 학생을 위한 맞춤형 지원, 교과 통합적 접근, 평가와 책무성 체계의 구축은 우리나라에서 사회정서학습 실현을 위한 방향 설정을 할 때 적극 참고할 만하다. 무엇보다 영국의 사례는 관계 교육이 단순한 프로그램이나 교과가 아닌, 학교 문화와 교육철학의 문제임을 보여 준다는 점에서 인상적이다. 공부만 잘하는 아이가 아니라 마음도 건강하고 사람과 잘 어울리는 아이를 키우겠다는 교육철학이 영국 관계 교육의 근간이다.

5
국내 성장학교 별의
치유 수업

 국내에도 이미 사회정서학습의 가치를 제대로 구현하고 실천하는 학교가 있다. 성장학교 별의 사례를 통해 한국의 맥락에서 사회정서학습을 어떻게 적용할 수 있을지 살펴보자.

 서울형 대안 교육기관인 성장학교 별은 2002년에 개교했다. 이 학교에는 다양한 정서적·사회적 어려움을 겪는 청소년들이 찾아온다. 자폐스펙트럼장애, ADHD, 경계선 지능, 틱 장애 등을 가진 학생도 있고, 또래 관계에서 입은 상처나 따돌림, 혹은 가정 내 갈등으로 인해 정규 학교교육을 중단한 학생도 있다.[24]

 이 학교의 특별한 점은 '치유 수업'을 바탕으로 학생들의 사회정서적 회복과 성장을 우선시한다는 점이다. 카셀이 제시한 사회

정서학습의 5가지 핵심 역량을 일상에서 자연스럽게 기를 수 있도록 한다. 안전하고 존중받는 환경에서 스스로를 회복하고 성장할 수 있도록 지원하는 것이다.

성장학교 별은 프랑스 교육자 셀레스탱 프레네 Célestin Freinet 의 교육철학을 기반으로 운영한다. 학생들은 자유 글쓰기, 자유 표현, 협력 활동 등을 통해, 자신의 감정과 경험을 탐색하고 표현하는 수업에 적극적으로 참여한다.[25] 이러한 활동들은 학생들이 자신에 대해 깊이 이해하고 긍정적인 자아 개념을 발달시키는 데 도움이 된다. 이에 더하여 '마음 챙김' '분노 조절' '용서와 치유' 같은 정서 조절을 돕는 수업을 제공하여 학생들이 스트레스와 감정을 관리하며 자신을 있는 그대로 받아들이는 법을 배울 수 있게 한다.[26] 예시로 분노 조절 프로그램인 '뜨거운 감자' 수업에서는 화가 날 때 어떻게 대처해야 하는지를 체계적이고 구체적으로 연습한다. 분노라는 감정을 인지하고 표현하는 법, 역할극을 통한 대처 전략 등을 배워서 '나를 돌아보고 반응을 선택하는 힘'을 기르는 것이 수업의 목표이다.[27]

성장학교 별에서는 학생들이 실제 일상에서 갈등 상황이 생겼을 때 이를 평화적으로 해결하는 능력을 기를 수 있도록 공감 대화, 갈등 해결, 협력 프로젝트 등의 활동을 한다. '갈등 요리법' 수업에서는 갈등의 원인을 탐색하고, '나 전달법 I-Message' '스테이

STAY 전략' 등의 회복적 대화법을 명시적으로 훈련할 수 있게 하였다. 스테이 전략은 먼저 멈추고 Stop, 다양한 선택지와 그 결과를 신중히 생각한 뒤 Think, 선택한 행동을 실천하는 Act 단계로 구성된다. 마지막으로 해결이 효과적이었다면 인정하고 긍정적으로 마무리 Yes 하는 것이 핵심이다. 즉각적인 반응 대신 사고와 행동을 조율하여 긍정적인 결과를 이끌어 내는 전략이다. '가디언'이라 불리는 학교 교사들은 교재를 직접 만들어 학생들이 공동체적 갈등 해결력을 성장시키는 수업에 활용한다.[28]

또한 학생 자치회를 중심으로 운영되는 학교 문화도 주목해 볼 만하다. 학생들은 직접 회의 주제를 건의하고, 규칙을 입안하고, 평가와 피드백까지 함께하는 절차를 통해 '책임 있는 선택'이 무엇인지 몸으로 배운다. 민주적인 회의와 자기 주도적 결정권을 실제로 실현하는 회의는 단순한 협동 학습을 넘어 '학생 주도 민주주의'라는 교육철학의 실현이라 평가할 수 있다.

'반反편견' '성교육' '공감 대화' 수업은 다양한 가치관과 정체성을 이해하고, 사회적 다양성과 인권을 존중하는 태도를 기르는 데 초점을 둔다. 특히 '반편견으로 하나 되는 우리'에서는 편견 자각하기, 뉴스 속 사례 분석하기, 선언문 만들기 등의 참여형 활동으로 차이를 인식하고 존중하는 능력을 강조한다.[29] 그러면서 자신과 다른 배경이나 특성, 정체성을 가진 사람들에 대한 이해를 넓히며 포용하는 마음을 기른다. 성장학교 별에서는 '다름을 포용하는 능력'을 무엇보다 소중히 여긴다.

성장학교 별의 치유 수업은 특정 교과에만 국한되지 않는다. 예술 표현, 몸 놀이, 텃밭 활동, 공동체 회의, 또래 관계 회복 활동 등으로 학교생활 전반에 사회정서학습이 반영되어 있다.

사회정서학습이 교실 기반의 독립적인 수업으로 이루어지는 것을 넘어 학교 전반의 문화와 구조 속에 통합되어 있다는 점에서, 성장학교 별은 사회정서학습이 교육 현장에서 어떻게 실천될 수 있는지를 보여 주는 소중한 사례이다. 놀라운 점은 이 수업들 중 다수가 이미 2010년경부터 교과서화되어 현장에서 구체적인 프로그램으로 운영되었다는 것이다. 국내에 사회정서학습 개념이 본격적으로 확산되기 훨씬 이전부터 성장학교 별은 실천을 통해 사회정서학습의 방향을 제시해 왔다.

성장학교 별의 사례에서 보듯이 사회정서학습은 단지 정서적 안정이나 갈등 예방을 위한 도구가 아니라 학생의 전인적 성장을 지원하는 교육의 핵심 전략이다. 또 사회 정서 역량 관련 요소들이 학생 주도적 교육으로 발현될 때, 교실을 넘어 학교 문화를 만들어 내는 것도 가능하다.

2022 개정 교육과정에서 강조하는 자기 주도성과 민주 시민성은 성장학교 별이 실천해 온 사회정서학습의 가치와 밀접하게 연

결된다. 공교육에서도 이러한 치유 수업의 가치를 반영해 교육과정을 개발하고 운영할 필요가 있다. 앞으로 이러한 실천이 더 많은 학교로 확산되기를 바란다. 모든 학생이 지적으로, 사회 정서적으로 균형 있게 성장할 수 있는 교육 환경이 조성되기를 기대한다.

3장

5가지
사회 정서 역량
톺아보기

-안정은

1

자기 인식:
감정, 정체성, 신념을 이해하는 힘

시험에서 95점을 받아도 시험지를 찢어 버리며 며칠 동안 자책하는 학생, 자기는 공부도 못하고 특별한 재능도, 꿈도 없다는 아이, 친구가 실수로 스치고 지나가자 "아, 왜 건드리냐고!" 하며 버럭 화내는 아이, 미술 시간이면 돌림노래처럼 들리는 "선생님, 망했어요!" 하는 소리, 밤늦게까지 게임을 해서 1교시에는 늘 무기력한 아이, 작은 일 하나에도 친구들에게 카랑카랑한 목소리로 쉴 새 없이 따지는 아이, 교실에서 이런 장면은 낯설지 않다.

교사가 마주하는 이런 상황들은 단순히 '문제 행동'이 아니다. 학생들이 자신의 감정을 어떻게 다루어야 할지 모르고, 타인과 어떻게 관계 맺어야 할지 혼란스러워하며, 자신에 대한 믿음이 부족하다는 신호이다. 즉 사회 정서적 성장에 관심을 기울여야 할 때라는 메시지인 것이다. 아무리 수업 내용이 좋아도 학생들이 자기 감정을 조절하지 못하거나, 친구들과 갈등을 해결하지 못하고, 스스로를 믿지 못한다면 진정한 교육적 성장은 일어나기 어렵다.

사회정서학습은 어린이부터 청소년, 성인에 이르기까지 모두가 자신에게 필요한 지식과 기술, 태도를 배우고 적용하면서 사회 정서 역량을 키워 가는 과정이다. 카셀은 5가지 사회 정서 역량을 제시하며, 각 역량에 포함되는 하위 기술들도 체계적으로 정리해 놓았다. 이 5가지 역량은 마치 오케스트라의 악기들처럼 서로 어우러지며 유기적으로 작용함으로써 진정한 사회 정서적 성장을 만든다. 다만 사회 정서 역량의 하위 기술들을 단편적인 기능 훈련 목록으로 이해하는 것은 바람직하지 않다. 카셀의 5가지 핵심 역량은 '상호 의존적인 지식, 기술, 태도, 행동을 통합할 수 있는 통합적 프레임워크'로 제시되며, 각 하위 기술은 고립된 기능이 아니라 발달단계에 따라 점진적으로 심화되는 '삶의 기술'로 이해해야 한다. 따라서 교사들은 개별 기술의 훈련보다는 체계적이고 통합적인 접근을 통해 사회정서학습을 실천해야 한다.

이 장에서는 각 사회 정서 역량의 개념과 각 역량에 포함된 하위 기술들을 카셀의 정의에 따라 정리하고, 각 역량을 기를 수 있는 교실 활동들을 소개한다. 사회정서학습을 처음 시작하는 교사들이 전체적인 틀을 이해하고 방향을 잡는 데 도움이 되기를 바란다.

먼저 자기 인식 역량은 "자신의 감정, 생각, 가치관을 이해하고, 이러한 것들이 다양한 맥락에서 행동에 미치는 영향을 파악하는 능력이다. 확고한 자신감과 목적의식을 바탕으로 자신의 강점과 한계를 인식하는 능력도 여기 포함된다."[1] 자기 인식 역량은 감정과 정체성에 대한 이해와 자존감, 자기 효능감을 바탕으로 성장 마인드셋을 기르는 기반이 된다. 대니얼 골먼은 『EQ 감성지능』에서 심리학자 존 메이어 John Mayer 가 자기 인식을 "우리의 기분과 그 기분에 대한 생각 둘 다를 인식하는"[2] 것이라고 정의한 것을 인용하면서 "자기 인식은 내적 상태가 어떻든지 간에 그것에 반발하지 않고 심판하지 않은 채 주의를 기울이는 것"[3]이라고 덧붙였다. 이러한 자기 인식 개념은 단순히 감정을 느끼는 것을 넘어 자신의 정서 상태를 한 걸음 뒤에서 바라보며 이해하는 능력을 뜻한다. 즉 자기 인식은 감정에 휘둘리거나 감정을 억누르지 않고, 자신의 마음 상태를 객관적으로 바라볼 수 있는 능력이다. 자기 인식 역량의 하위 기술로는 다음과 같은 것이 있다.

① **감정 인식하기**

감정 인식 능력은 자신의 다양한 감정 상태를 명확히 식별하고 감정에 이름 붙일 수 있는 능력이다. 단순히 기분이 좋다, 나쁘다는 구분을 넘어 불안, 실망, 자부심, 감사와 같은 세밀하고 복합적인 감정을 구별하는 능력이다. 감정 인식은 자신의 정서 반응을 이해하고 이를 효과적으로 관리하는 밑바탕이 된다.

아이들은 자기 감정을 정확히 알아차리는 것부터 어려워하는 경우가 많다. '짜증' '별로' '망함' 같은 몇 개 단어로 모든 부정적 감정을 표현하거나 '개좋아' '대박'과 같은 식으로 긍정적인 감정도 뭉뚱그려 표현하는 경우가 많다. 이런 상황에서 교사가 할 수 있는 가장 기본적인 일은 감정 어휘를 확장해 주는 것이다.

② 개인적·사회적 정체성 통합하기

이 기술은 자신의 다양한 측면을 더 깊이 이해하는 과정이다. 개인적 특성, 가치관, 관심사뿐만 아니라 가족, 문화, 민족, 종교, 성별 등 다양한 사회적 그룹에 속한 정체성까지 모두 포함한다. 정체성을 긍정적으로 통합한 사람은 건강한 자존감을 바탕으로 다양한 상황에서 진정성 있게 행동할 수 있다.

2019년 카셀이 발표한 변혁적 사회정서학습Transformative social and emotional learning의 핵심 키워드 중 하나가 바로 정체성이다. 여기서 정체성은 "자기 인식의 핵심 부분으로, 학생들(그리고 성인들)이 개인으로서의 자신과 주변 세계의 일부로서의 자신을 어떻게 보는

가를 의미한다. 건강한 정체성 감각은 부정적이거나 충격적인 경험으로부터 보호해 주는 완충 역할을 하며 긍정적인 학업적, 사회적, 정서적 성과에 기여한다".[4]

청소년기에는 정체성 확립이 주요 발달 과업이며 그 과정에서 정체성 혼란을 경험하는 것이 자연스러우므로, 교사는 학생들이 자신의 다양한 면을 탐색하고 통합할 수 있는 안전한 공간을 제공해야 한다. 이때 중요한 것은 '진짜 나'를 찾아야 한다는 압박감을 주기보다, 상황에 따라 달라지는 다양한 자신의 모습이 모두 진정한 자아의 일부임을 인식하도록 돕는 것이다.

③ 자기 효능감과 성장 마인드셋 갖기

자기 효능감은 "미래의 상황을 관리하기 위해 요구되는 행동 경로를 조직하고 실행할 수 있다는 자신의 능력에 대한 믿음 Bandura(1997)"[5]이다. 또 캐럴 드웩 Carol S. Dweck에 따르면 성장 마인드셋은 "현재 가진 자질이 단지 성장을 위한 출발점일 뿐이며, 노력이나 전략 또는 타인의 도움을 통해 자질을 얼마든지 길러 낼 수 있다는 믿음에 바탕을 두고" 있다. "애초에 갖고 있는 재능이나 적성, 관심사나 기질은 저마다 다를지라도, 누구나 응용과 경험을 통해 변화하고 성장할 수 있다는 뜻"[6]이다. 자기 효능감과 성장 마인드셋은 학생들이 도전을 긍정적으로 받아들이고, 실패를 배움의 기회로 여기며, 목표를 향해 꾸준히 나아가도록 돕는 중요한 요소이다.

정신건강의학과 의사 김현수는 『사춘기 마음을 통역해 드립니다』에서 다음과 같은 말들이 아이들을 무기력하게 만든다고 했다. "잘하지 못할 거면 안 하는 것이 낫다."(과잉 열망) "○○보다 못하면 안 하는 것이 낫다."(비교) "잘하려면 얼마나 힘든데……."(부담) "해 봐서 아는데, 실패가 더 많았다."(실패 예측) 이 책에서 제안하는 대로 "자신의 길을 찾아 꾸준히 가는 사람들이 아름답다." "힘든 고비를 넘길 줄 아는 사람들이 멋지다." "작은 성공을 쌓으면서 기회를 새롭게 만들어 가면 된다."[7]라고 격려하고 지지해 보자.

④ 편견과 편향성 살펴보기

자신의 사고방식과 판단에 영향을 미치는 무의식적인 편견이나 선입견을 알아차리고 점검할 수 있는 능력은 중요하다. 자신의 관점이 어떻게 형성되었는지, 그것이 타인과의 관계와 의사 결정에 어떤 영향을 주는지 이해할 때 열린 마음과 포용적인 사고를 기를 수 있기 때문이다.

특히 요즘처럼 소셜 미디어를 통해 혐오와 편견이 거침없이 확산되고, 알고리즘에 의해 유사한 생각만 반복적으로 노출되는 환경에서는 자기 인식 능력의 중요성이 더욱 커지고 있다. 학생들이 자신도 모르게 형성된 편향적 사고를 인식하고, 다양한 관점을 수용할 수 있는 비판적 성찰 능력을 기르는 일은 매우 중요하다.

자기 인식 역량은 이 밖에도 개인적·문화적·언어적 특성을 인지하는 능력, 자신의 감정과 생각을 솔직하게 표현하고 자기표현에 책임을 다하는 태도, 자신이 느끼는 감정이 어떤 신념과 사고에서 비롯되었는지 성찰하는 과정, 나의 관심사에서 삶의 방향성과 목적의식을 발전시키는 능력 등을 포함한다.

자기 인식 역량의 하위 기술들과 관련해 다음과 같은 활동들을 수업에서 전개할 수 있다. 이러한 활동들은 학생들의 실생활과 연결되어야 한다. 또한 일회성 활동으로 그치지 않고, 핵심 원칙에 따라 체계적으로 설계하고 단계적으로 실행하는 것이 중요하다.

자기 인식 역량의 하위 기술	수업 활동 예시	
감정 인식하기	- 감정 온도계 만들기 - 감정 바퀴(emotion wheel) - 무드 미터 - 감정 알아맞히기 - 감정 이모지 일기 작성하기 - 감정 음악 플레이리스트 만들기 - 감정과 색깔 연결하기 - 감정 조절 일기 작성하기	- 아침 마음 챙김 - 감정 카드 게임 - 영화 〈인사이드 아웃〉 분석 - 감정 탐정 - 나의 감정 스토리 북 만들기 - 감정과 신체 반응 기록하기 - 감정 롤러코스터 그래프 만들기 - 감정이 행동에 미치는 영향 분석하기

개인적·사회적 정체성 통합하기	- '나는 누구인가?' 이름 태그 만들기 - 감정 그림일기 - 친구 인터뷰 - 자서전 쓰기 - 정체성 콜라주 - 사회적 역할극: 나는 누구인가? - 문화적 정체성 인터뷰 프로젝트	- 우리 반 정체성 지도 만들기 - 동화 속 주인공의 정체성 분석하기 - 나의 인생 곡선 - 마을 사람들 인터뷰 - SNS 프로필과 실제 자아 비교하기 - 역사 속 인물과 나의 정체성 비교하기
자기 효능감 경험하기	- 작은 목표 성취 도전 - 성공 경험 스토리텔링 - '할 수 있다' 긍정 카드 만들기 - 사회정서학습 어휘 명시적으로 배우고 (회복 탄력성, 자존감 등) 표현적 글쓰기 - 피드백 저널 작성 - 새로운 기술 배우기 도전 - 자기 효능감을 높이는 피드백 연습하기	- 나의 성취 그래프 작성 - 도움 구하기 연습하기 - 우리 반 / 나의 긍정 선언문 - 내 안의 보물 찾기 - 실패 후 배운 점 공유하기 - 자기 효능감과 노력 간의 관계 연구 - 롤 모델과 자기 효능감 비교 분석 - 도전과 실패 일지 작성하기
성장 마인드셋 갖기	- '아직'의 힘 활용하기 - 실패 경험 나누기 및 피드백 - 노력과 재능에 대한 연구 - 연습과 성장의 관계 실험 (저글링, 외발자전거 등) - 도전 목표 설정 및 피드백 받기 - 성공한 사람들의 성장 과정 연구	- 성장과 고정 마인드셋 비교 실험 - 성공 과정 시각화 활동 - 자기 긍정 문구 연습 - 도전 정신을 발휘한 인물 연구 - 노력의 효과를 수치화하여 분석하기 - 자기 성찰 저널 작성
편견과 편향성 살펴보기	- 숨겨진 편견 찾기 활동 - 차별을 경험한 이야기 듣기 - 고정관념을 깨는 역할극 - 편견을 극복한 인물 소개하기 - 편견 극복 캠페인 기획하기	- 편견이 담긴 광고 분석 - '편견 없는 세상' 포스터 제작 - 역사 속 편견 사례 연구 - 사회적 편견이 미치는 영향 토론 - 미디어 속 편견 사례 비교하기

자신이 지닌 개인적·문화적·언어적 특성 이해하기	- 가족 이야기 책 만들기 - 다양한 인사법 체험하기 - 우리 반 문화 축제 기획하기 - 문화적 자산을 반영한 시 쓰기 - 우리 문화와 타 문화 비교 보고서 작성하기	- 우리 집 언어 지도 그리기 - 전통 음악과 춤 배우기 - 세계 음식 탐험 프로젝트 - 세계 언어의 유사점과 차이점 분석 - 지역사회 내 다양한 문화적 경험 조사
정직하고 성실하게 행동하기	- 정직한 행동 이야기 나누기 - 도덕적 딜레마 역할극 - 정직한 행동과 거짓말 비교 토론 - 뉴스 속 정직과 도덕성 사례 분석 - 신뢰를 쌓는 대화 연습하기	- 신뢰 쌓기 협력 게임 - '친구를 속이면 어떻게 될까' 실험 - 윤리적 선택과 결과 분석 - 정직한 행동 실천 다짐 포스터 만들기 - 정직성이 필요한 직업 인터뷰
감정, 가치, 생각을 연결하기	- 감정·가치·행동 연결 그림 그리기 - 감정이 행동에 미치는 영향 실험 - 친구와 가치 비교하기 - 나의 가치관 변화 탐색 - 윤리적 딜레마 해결 토론	- 내가 소중히 여기는 가치 발표 - 가치 기반 선택 카드 게임 - 유명 인물의 가치관 분석 - 감정이 사회적 결정에 미치는 영향 연구 - 나만의 가치 선언문 작성
관심사와 목적의식 발전시키기	- '내가 좋아하는 것' 리스트 작성 - 페임랩(FameLab) - 관심사와 직업 연결하기 - '나는 누구인가?' 정체성 포스터 - 내가 기여할 수 있는 사회적 역할 찾기	- 열정 프로젝트 수행 - 미래의 나에게 편지 쓰기 - 롤 모델 연구 및 발표 - 목표 로드맵 작성 - 새로운 경험 시도하기 - 가치 기반 목표 설정

원격 교육 상황에서도 자기 인식 역량을 효과적으로 기르는 방법은 다양하다. 해니건과 해니건 Hannigan & Hannigan (2020)은 학생들이 디지털 도구를 통해 자신의 감정이나 정체성을 표현할 수 있는 안전한 공간을 가질 수 있다고 강조한다.[8]

원격 상황에서 자기 인식 역량을 기르는 활동 예시[9]	
디지털 감정 체크인	수업 시작과 종료 시 패들렛이나 잼보드 등 디지털 도구를 활용해 자신의 현재 감정 상태를 이모지, 색, 짧은 문장으로 표현하기
디지털 정체성 프로젝트	디지털 포트폴리오나 프레젠테이션 도구를 활용해 나를 탐구하는 멀티미디어 프로젝트 사진, 음악, 영상, 텍스트 등을 이용해 자신의 정체성 요소 표현하기
화상 성장마인드셋 서클	소그룹 화상회의에서 최근 도전했던 경험, 실패와 실패를 통해 배운 것, 성장의 증거 등 공유하기, 자신의 성장 과정 인식하고 또래로부터 지지받기

이 장을 마무리하기 전에, 감정을 인식하고 감정에 이름을 붙여 표현하는 것을 연습하는 도구인 무드 미터[Mood meter]에 대해 좀 더 자세히 살펴보자. 무드 미터를 활용하면 학생들이 더 섬세한 감정 어휘력을 개발할 수 있다. 무드 미터는 룰러[RULER]의 핵심 도구이다. 예일대학교 아동연구센터 교수 마크 브래킷[Mark A. Brackett]이 개발한 룰러는 카셀의 대표적인 증거 기반 사회정서학습 프로그램으로,[10] 룰러라는 이름은 감정을 인식[Recognizing], 이해[Understanding], 명명[Labeling], 표현[Expressing], 조절[Regulating]하는 5가지 핵심 기술의 머리글자를 따서 조합한 것이다.

무드 미터에서는 활력과 쾌적함의 높고 낮은 수준을 나타내는 두 축을 기준으로 감정을 4가지 색상 영역으로 구분한다. 노란색 영역(오른쪽 위)은 쾌적하고 활력도 높은 상태이다. 기쁨, 흥분 등 긍정적인 감정들이 이 사분면에 속한다. 빨간색 영역(왼쪽 위)은 쾌적함은 낮은데 활력은 높은 상태로 화남, 불안, 스트레스 같은 감정이 여기에 포함된다. 초록색 영역(오른쪽 아래)은 쾌적함은 높은데 활력은 낮은 상태로 차분함, 만족감, 평온함 등이 포함된다. 파란색 영역(왼쪽 아래)은 쾌적함과 활력이 모두 낮은 상태로 슬픔, 지루함, 실망 같은 감정을 느끼는 상태다.[11] 이런 무드 미터를 활용하면 자신의 감정 상태를 시각적으로 명확하게 파악할 수 있다.

앞서 언급한 것처럼 요즘 아이들은 감정을 표현할 때 매우 제한적이고 축약된 표현에 의존한다. 자기 마음을 제대로 인식하거나 표현하지 못하고, 감정을 조절하고 해소하는 것도 어려워한다. 이러한 상황에서 무드 미터는 감정 어휘를 확장하고 정확한 자기 인식을 도울 수 있는 효과적인 도구이다. 교실에서 아침 활동 시간이나 일과를 마무리하는 시간에 무드 미터나 감정 신호등, 감정 온도계와 같은 '감정 표현판'을 활용해서 학생이 자신의 감정 상태를 표현하는 시간을 제공하거나 '세 줄 쓰기(있었던 일, 든 생각, 감정)'와 같은 간단한 감정 글쓰기를 루틴으로 하는 것도 좋다.

참고로 룰러 프로그램에는 무드 미터에 더해 3가지 핵심 도구가 더 있다. '학급 헌장 Charter' '메타모멘트 Meta-Moment' '청사진 Blueprint'이 그것이다. 무드 미터와 함께 이 4가지 핵심 도구는 학생들이 감정 지능을 체계적으로 발달시키는 데 큰 도움이 된다.

다양한 수업에서도 감정을 다룰 수 있다. 국어 수업에서는 문학 작품 속 등장인물의 감정을, 사회 수업에서는 역사 속 인물의 감정을 추론해서 표현하는 활동 등이 가능하다. 무엇보다 다양한 상황에서 교사 본인이 먼저 감정을 잘 인식하고 표현하는 모델이 되면, 학생들의 '감정 입자도 emotional granularity'(감정을 더 섬세하게 식별하는 능력)[12]를 자연스럽게 높이는 교실 문화를 만들 수 있다.

2
자기 관리:
감정과 행동을 조절하는
자기 조율의 힘

　자기 관리 역량은 다양한 상황에서 자신의 감정, 생각, 행동을 효과적으로 관리하고 목표와 포부를 달성하는 능력이다. 여기에는 만족을 지연하고, 스트레스를 관리하고, 개인 및 집단의 목표를 달성하려는 동기와 주체성을 느끼는 능력이 포함된다.[13] 이는 충동을 조절하고 동기를 유지하며, 학습 및 삶의 다양한 과제에 꾸준히 참여하는 데 중요한 기반이 된다.
　구체적으로 자기 관리는 감정 조절부터 생활 전반의 체계적 관리까지 포괄하는 종합적 능력이다. 감정 조절 영역에서는 불안, 분노, 우울 등의 감정을 적절히 표현하고 대처하며, 충동적이고 공격적인 행동을 통제하는 능력이 핵심이다. 개인적인 또는 대인 관계의 스트레스를 조절하고, 긍정적 동기를 키워 희망적이고 낙관적인 태도를 유지하는 것도 중요한 요소이다. 하지만 자기 관리는 감정 조절을 넘어 더 넓은 영역을 포함한다. 주어진 과제에 집중하고, 장기와 단기 목표를 설정하며, 깊이 생각하고 철저하게 계획하는 인지적 관리 능력이 필요하다. 규칙적인 일상 루틴 만들기, 건강한 생활 습관 형성, 체계적인 일정 관리, 피드백을 통한 행동 수정 등의 실천적 영역까지 모두 자기 관리 역량에 포함된다.

자기 관리 역량은 학업 성취와 연관성이 높다. 자기 조절 능력이 뛰어난 학생들은 학업 성취도가 더 높고, 과제 완수율이 높으며, 문제 행동이 적은 것으로 나타났다.[14] 이는 자기 관리 역량이 인지적 학습과 정서 발달 사이에 다리 역할을 한다는 것을 보여 준다. 자기 관리의 하위 기술로는 다음과 같은 것이 있다.

① **감정 관리하기**

감정 관리는 다양한 상황에서 자신의 감정을 알아차리고, 알맞게 표현하며, 조절하는 능력이다. 감정을 조절하는 것은 감정을 억제하는 것이 아니다. 감정을 인식하고 상황에 맞게 다양한 면을 고려하여 표현하는 것이다. 감정을 효과적으로 관리하면 충동적인 행동을 줄이고, 대인 관계를 개선하며, 심리적 안정감을 높일 수 있다.

교실에서 학생들은 갑자기 화를 내거나 좌절하는 일이 잦다. 이럴 때 "속상해하지 마!"라고 말하는 것보다는 "많이 속상했겠구나. 어떤 일이 있었는지 천천히 이야기해 볼까?"라고 감정을 먼저 인정해 주는 것이 효과적이다. 감정 자체는 나쁜 것이 아니라는 메시지를 전달하는 것이 중요하다.

② 스트레스 관리 전략을 알고 사용하기

스트레스 관리는 심리적 압박감이나 어려움에 직면했을 때 건강하게 대처하는 방법을 이해하고 실행하는 능력이다. 호흡, 명상, 신체 활동, 시간 관리, 우선순위 설정 등 다양한 전략이 이 기술에 포함된다. 스트레스를 잘 관리하는 것은 정신적·신체적 균형을 유지하고 집중력 및 학습이나 업무의 생산성을 높이는 데 중요하다.

학생들이 경험하는 스트레스는 피할 수 없는 현실이다. OECD '사회 정서 역량 조사(2021)'에 따르면, "10세에서 15세 사이에 삶의 만족도와 심리적 안녕이 감소했으며, 시험 불안도가 증가한 것으로 나타났는데, 특히 여학생에게서 이러한 현상이 두드러지게 나타났다."[15] 이는 체계적인 스트레스 관리 교육의 필요성을 보여준다. 효과적인 스트레스 관리를 위해서는 단계별로 체계적인 접근이 필요하다.

사회정서학습 프로그램 '세컨드 스텝'에서는 학년별로 감정 관리 능력을 발달시키는 과정을 제시하고 있다. 초등학교 단계에서는 '진정하기' '불안 관리' '좌절 관리' 등을 통해 기초적인 감정 조절 능력을 기른다. 중학교 단계에서는 '스트레스와 불안의 이해' '스트레스 관리 전략' '나의 스트레스 관리 계획' 등을 배우며 보다 체계적이고 개인화된 스트레스 대처 능력을 개발하도록 구성되어 있다.[16] 이러한 단계적 접근을 통해 학생들은 자신만의 효과적인 스트레스 관리 전략을 수립하고 실행할 수 있게 된다.

③ 목표 설정·계획·조직 기술 사용하기

이 기술은 단기·장기 목표 설정과 그 목표 달성을 위한 구체적인 계획 수립, 진행 상황 모니터링, 접근 방식 조정 능력을 포함한다. 목표를 효과적으로 설정하면 방향성과 목적의식을 갖게 되며, 성취감과 자신감을 키울 기회를 얻게 된다.

목표 설정과 계획 수립은 단순히 시간 관리나 학습법의 문제가 아니라 자기 주도성과 미래 지향적 사고를 기르는 핵심 기술이다. 효과적인 목표 설정을 위해 SMART 원칙 Specific, Measurable, Achievable, Relevant, Time-bound (구체적이며, 측정 가능하고, 달성 가능하며, 관련성이 있고, 시간 제한이 있는)을 활용할 수 있다. 학생들이 목표를 세울 때 자주 범하는 오류는 지나치게 높은 목표를 설정하거나 결과에만 집중하는 것이다. "이번 학기에는 모든 과목에서 A를 받겠다."와 같은 목표보다는 "매일 30분씩 영어 단어를 외우겠다."처럼 과정 중심의 구체적인 목표가 더 효과적이다.

또한 목표 설정 과정에서 학생들이 목표를 자신의 가치관과 연결 지을 수 있도록 도와야 한다. "왜 이 목표가 나에게 중요한가?" "이 목표를 달성했을 때 어떤 기분일까?" "이 목표가 내가 원하는 사람이 되는 데 어떻게 도움이 될까?"와 같은 질문을 통해 내재적 동기를 강화할 수 있다.

④ 주도성과 주체성 나타내기

주도성은 기회를 인식하고 스스로 행동을 시작하는 능력이며, 주체성은 자신의 결정과 행동에 책임을 지는 능력이다. 이러한 기술들은 학생들이 수동적 태도에서 벗어나 적극적으로 학습하고 성장하도록 돕는다. 또한 리더십을 기르고 창의적으로 문제를 해결하는 데에도 중요한 역할을 한다.

OECD 사회 정서 역량 조사에 따르면 주도성은 "자신의 견해, 필요, 느낌을 자신감 있게 말할 수 있으며, 사회적 영향을 발휘할 수" 있는 능력으로, 이는 "교실이나 팀에서 주도적 역할을 담당"하는 행동 특성으로 나타난다.[17] 한편 변혁적 사회정서학습에서는 주체성을 변혁적 사회정서학습의 핵심 구성 요소 중 하나로 제시하며, 이를 "심리적·사회적 현실에 긍정적으로 영향을 미칠 수 있는 능력"

이자 "희망과 자기 주도성을 반영"하는 역량으로 강조하고 있다.[18] 이러한 주도성과 주체성은 개인의 성장뿐만 아니라 타인과의 관계에서도 핵심적인 역할을 하며, 학생들이 자신의 삶과 학습에 능동적으로 참여하고 책임지는 태도를 기르는 데 필수적이다.

자기 관리 역량의 하위 기술	수업 활동 예시	
감정 관리하기	- 감정 버튼 찾기 게임 - 감정 조절 습관 루틴 만들기 - 감정 탐정: 친구의 감정 신호 찾기 - 감정 이완 도구 상자 만들기 - 감정 조절을 위한 '마음의 정거장' 활동	- 스트레스 상황에서의 자기 대화 연습 - 감정 조절을 위한 시각화 명상 - 감정을 조절한 성공 사례 발표 - 감정 조절을 위한 자기 피드백 저널 - 감정 조절 행동 시뮬레이션
스트레스 관리 전략을 알고 사용하기	- 스트레스 체크인 (신호등, 색깔, 숫자, 날씨 등) - 스트레스 해소를 위한 '나만의 공간' 만들기 - 숨 쉬기 카드 게임 - 스트레스 해소를 위한 긍정적 습관 만들기 - 걱정 인형 만들기 - 감각 기반 스트레스 완화 활동	- 스트레스 트리거와 해결법 매칭 게임 - 시간 관리와 스트레스의 관계 실험 - 긴장 완화를 위한 즉각적인 대처법 실습 - 스트레스의 신체적·심리적 반응 분석 - 실제 스트레스 상황 극복 사례 연구
자기 훈련과 자기 동기 나타내기	- 유혹을 이겨 내는 '충동 컨트롤 게임' - 일단 해 보기 - 목표 달성 체크리스트 만들기 - 미루기 방지를 위한 시간 관리 챌린지 - 자기 절제를 기르는 1분 기다리기 실험 - 자기 동기부여 선언문 작성	- 성장형 피드백을 통한 목표 조정 실습 - 자기 절제와 보상 시스템 연구 - 목표 설정과 보상 효과 비교 실험 - 자기 조절 전략을 반영한 학습 계획 세우기 - 내적 동기와 외적 동기의 균형 찾기 프로젝트

개인 및 집단 목표 설정하기	- 꿈을 이루는 타임캡슐 만들기 - 1년 후 나에게 보내는 편지 - 목표 달성 로드맵 작성 - 협력적 목표 설정과 실행 실습 - 목표를 달성하는 작은 습관 만들기	- 목표 성취 단계별 체크리스트 작성 - 팀 프로젝트 목표 설정 및 역할 분배 - 집단 목표 설정과 협업 과정 반성 - 실패한 목표 분석 및 개선 방안 토론 - SMART 목표 설정 챌린지
계획 및 조직 기술 사용하기	- 일정 관리 보드 만들기 - 할 일 목록 작성 및 실행 피드백 - 시간 사용 분석하고 개선 계획 세우기 - 프로젝트 계획서 작성 및 실행 - 만다라트 기법으로 목표·실행 계획 세우기 - 자기 주도 학습을 위한 주간 플래너 활용 - SMART 계획 세우기	- 장기 프로젝트 기획 및 조정 실습 - 목표 달성을 위한 시간 블로킹 연습 - 우선순위 매트릭스 활용 연습 - 협업 프로젝트에서의 역할 분배 및 일정 조정 - 효율적인 학습 공간 정리 및 활용 계획
주도적으로 행동하는 용기 보여 주기	- '처음 해 보는 것' 챌린지 - 교실 내 변화 프로젝트 기획 - 새로운 아이디어 제안 토론 - 리더십을 발휘하는 미션 수행 - 창의적 문제 해결을 위한 '생각 실험실'	- 발표와 의견 제시 연습 - 학교 또는 지역사회를 위한 변화 프로젝트 - 적극적인 참여 태도를 키우는 토론 활동 - 공익적 행동 기획 및 실행 - 실패해도 괜찮은 도전
집단적 주체성 나타내기	- 공동체 문제 해결 아이디어 제안 - 개인의 영향력을 키우는 '미니 캠페인' 진행 - 팀워크 속에서 주도적인 역할 맡기 - 나만의 변화 프로젝트 실행 - 지역사회에 기여할 수 있는 행동 계획 세우기	- 시민 의식과 공동체 책임에 관한 토론 - 커뮤니티 봉사 기획 및 실행 - 집단 의사 결정 과정 체험 - 나의 행동이 공동체에 미치는 영향 분석 - 조직 내 변화와 나의 역할 탐색

자기 관리 기술은 감정과 생각, 행동 간의 관계를 인식하고, 이를 내면의 동기와 연결하여 스스로 행동을 조절하고 실행하는 힘을 기르는 과정이다. 예를 들어 룰러의 메타모멘트 전략은 감정

적으로 격해진 순간에 '최고의 자아'를 떠올려 반응하는 도덕적 상상력 훈련이다. 마크 브래킷은 『감정의 발견』에서 메타모멘트의 네 단계를 제시했다. 바로 "변화를 감지하고, 그만두거나 멈추어 호흡하며, 최고의 자아를 떠올리고, 전략을 세우고 행동하는 것"[19]이다. 이는 부정적 감정을 억누르는 대신 오히려 그 감정을 받아들이면서도 자신의 가치와 목표에 부합하는 방식으로 반응할 수 있도록 돕는다. 학생들은 '내가 생각하는 나의 최고의 모습은 무엇이지?' '나는 친구들에게 어떤 평가를 받고 싶지?'라고 스스로 묻게 된다. 그리고 자기가 그동안 배운 마음 챙김 호흡이나 자기 대화법 전략 등을 적용한다. 그러면서 점차 감정적 충동과 도덕적 행동 사이의 거리를 좁혀 나간다.

'세컨드 스텝' 프로그램에서는 학생들이 체계적으로 문제를 해결할 수 있도록 'STEP 문제 해결 단계'를 제시하고 있다. 이 단계는 S Say the problem without blame(비난하지 않고 문제 말하기), T Think of solutions(해결책 생각하기), E Evaluate each solution(각 해결책 평가하기), P Pick the best solution(최선의 해결책 선택하기)로 구성되어 있다. 학생들은 먼저 자기의 감정적 반응을 인식하고 비난하는 표현 없이 문제를 명확하게 표현한 후, 다양한 해결책을 탐색하고 그 결과를 신중하게 평가하여 가장 바람직한 선택을 한다. 이러한 단계적 접근은 학생들이 충동적 반응 대신 의식적 선택을 할 수 있도록 돕는다.[20]

원격 학습 환경에서 자기 관리 역량을 기르는 것은 특히 중요하다. 교사의 직접적인 지도가 없어도 학생 스스로 자신의 감정과 행동, 학습을 조절할 수 있는 역량이 점점 더 필요해지고 있기 때문이다. 다음은 원격 수업에서 적용할 수 있는 자기 관리 활동 사례이다.

원격 상황에서 자기 관리 역량을 기르는 활동 예시[21]	
디지털 감정 조절 도구 키트 만들기	디지털 형태로 자신만의 감정 조절 전략 키트 만들기: 진정 호흡법 영상, 긍정적 자기 대화 문구, 스트레스 해소 활동 목록 등
디지털 학습 플래너	온라인 학습 관리 도구를 활용해 주간·월간 학습 목표 설정, 과제 관리, 진행 상황 점검
디지털 자기 조절 체크리스트	학습 환경, 주의 산만 요인, 시간 관리, 과제 완료 등 점검 체크리스트 개발
스트레스 관리 화상워크숍	정기적 화상 세션을 통해 마음 챙김 명상, 점진적 근육 이완법, 시각화 등 다양한 스트레스 관리 기법 배우고 실습하기

원격 학습에서는 자기 관리를 위해 더 큰 자율성과 책임감이 필요하지만, 구조화된 지원이 병행된다면 자기 조절 기술을 기르는

기회가 될 수 있다. 이를 위해 교사와 학부모가 협력하여 가정에서도 일관된 환경을 조성하는 것이 중요하다.

3

사회적 인식:
타인의 감정과 사회적 맥락을 이해하는 힘

사회적 인식은 다양한 배경, 문화, 맥락을 가진 사람들을 포함하여 타인의 관점을 이해하고 공감하는 능력이다. 여기에는 타인에게 연민을 느끼고, 다양한 환경에서 행동에 대한 더 광범위한 역사적·사회적 규범을 이해하고, 가족, 학교, 지역사회의 자원과 지원을 인식하는 능력이 포함된다.[22]

대니얼 골먼의 '사회 지능' 연구에 따르면, 사회적 인식은 "타인의 내적 상태를 즉각적으로 감지하는 원초적 공감에서, 상대방의 감정과 생각을 이해하는 공감적 정확성, 그리고 복잡한 사회적 상황을 파악하는 사회적 인지에 이르는 스펙트럼을 의미한다."[23] 이러한 능력은 삶의 여러 영역에서 성공적인 대인 관계를 형성하고 유지하는 데 필수적이다. 현대사회의 복잡성이 증가하면서 사회적 인식의 중요성은 더욱 커지고 있다. 디지털 격차, 경제적 불평등, 기후 위기에 대한 세대별 인식 차이 등 다층적인 사회 현상 속에서 학생들은 자신과 다른 배경을 가진 사람들과 조화롭게 살아가는 법을 배워야 한다. 이는 단순한 관용을 넘어 적극적인 이해와 포용으로 발전해 가야 하며, 이러한 역량은 미래 사회의 건강한 민주 시민으로 성장하는 데 핵심적이다. 사회적 인식의 하위 기술로는 다음과 같은 것이 있다.

① 타인의 관점 취하기

타인의 시각에서 세상을 바라보고 그들의 생각과 감정, 동기를 이해하는 능력을 의미한다. 단순히 타인의 감정이나 생각을 추측하는 것을 넘어, 타인의 경험과 상황을 머릿속에 그려 보며 진심으로 공감하는 것은 매우 중요한 과정이다. 학생들은 이러한 공감 능력을 키우면서 타인에 대한 이해도를 높일 수 있을 뿐만 아니라 세상에는 다양한 시각이 존재한다는 것을 깨닫게 된다. 이런 과정을 통해 타인을 더 깊이 이해하게 되고 다양한 관점의 가치를 인식할 수 있게 된다.

교실에서 갈등이 일어났을 때 각자의 입장에서 상황을 설명해 보게 하는 것이 효과적이다. "A의 입장에서는 어떤 마음이었을까?" "B는 왜 그렇게 행동했을까?"라는 질문을 통해 학생들이 자연스럽게 다른 사람의 관점을 경험해 보도록 할 수 있다.

② 공감과 연민 나타내기

공감은 '다른 사람의 신발을 신고 걷는 것'이라는 표현이 있다. 즉 공감이란 타인의 감정 상태를 인식하고 그것을 함께 느끼는 능력이다. 한편 연민은 거기에서 더 나아가 타인의 고통이나 어려움을 덜어 주고자 하는 욕구이다. 이 기술들은 학생들이 타인의 감정적 경험에 민감하게 반응하고, 지지와 도움을 제공할 수 있게 한다. 공감과 연민은 지지적이고 긍정적인 교실 문화 조성의 기반이 된다.

대니얼 시겔Daniel J. Siegel과 티나 브라이슨Tina Payne Bryson은 『예스 브레인 아이들의 비밀』에서 "공감은 타인의 감정을 진정으로 느끼며 돕기 위해 행동한다는 뜻"이며, "도덕적이고 윤리적인 결정을 내리도록" 돕는다고 설명한다. 또한 "타인의 말에 귀를 기울이고 타인의 관점과 의견을 고려해 배려하는 것이 어떤 의미인지 부모가 보여 주어야 한다."라고 부모의 역할을 강조한다. 부모로부터 얻은 경험을 통해 아이의 뇌가 공감 영역에서 활성화되고 성장한다는 것이다.[24]

교실에서도 마찬가지이다. 교사가 성급한 판단과 조언에 앞서 호기심을 가지고 학생들을 관찰하고 질문하며 공감과 연민의 모습을 보여 줄 때 학생들은 공감과 연민을 더 잘 배울 수 있다.

③ 불공정한 규범을 포함해 다양한 사회규범 인식하기

이 기술은 다양한 상황과 공동체에서 작용하는 명시적·암묵적 규칙과 기대를 이해하는 능력이다. 여기에는 불공정하거나 편향된 규범을 인식하는 비판적 시각도 포함된다. 사회규범을 이해함으로써 학생들은 다양한 사회적 맥락에서 더 효과적으로 상호작용하고, 필요할 때 규범에 의문을 제기할 수 있다.

우리가 문화적·사회적으로 가지고 있는 성별 고정관념, 학벌주의 편견, 사회 경제적 편견 외에도 나이, 출신 지역, 외모, 장애, 종교, 인종·민족, 성적 지향, 가족 형태 편견 등을 비판적으로 바라보는 능력이 여기에 해당한다. 교사는 학생들이 이런 규범들을 비판 없이 수동적인 자세로 받아들이지 않고, 공정함과 형평성의 관점에서 살펴볼 수 있도록 도와야 한다.

④ 조직 및 제도가 행동에 미치는 영향 이해하기

가정, 학교, 지역사회, 국가 등 여러 조직과 제도가 개인과 집단의 행동, 기회, 경험에 어떤 영향을 미치는지를 이해하는 능력을 말한다. 이러한 통찰을 바탕으로 학생들은 사회구조의 영향력을 이해하고, 더 공정하고 포용적인 사회를 만들어 가는 데 주체적으로 참여할 수 있다.

　예를 들어 학교 의사 결정 과정에 의견을 내고 학생 자치활동에 참여하면서 학생들은 조직 내에서 어떻게 변화를 만들어 가는지 경험할 수 있다. 이를 통해 사회 시간에 배운 조직 및 제도의 역할과 영향을 실생활에서 생생하게 체감하고, 보다 공정한 기회와 환경을 만들기 위한 실천에 참여할 수 있다.

사회적 인식 역량의 하위 기술	수업 활동 예시	
타인의 관점 취하기	- 역할 바꾸기 대화 게임 - 반대 입장 옹호 토론 - 공감의 힘 체험 실습 - 다양한 시각으로 같은 사건 바라보기 - 타인의 입장에서 편지 쓰기	- 윤리적 딜레마 역할극 - 다른 문화권의 시각 연구 - 논픽션 사례를 통한 입장 분석 - 역사 속 갈등 사건의 관점 분석 - 다문화 인터뷰 프로젝트
타인의 장점 인식하기	- 친구의 강점 찾기 게임 - 협력 게임을 통한 강점 발견 - 학급 친구들의 장점 포스터 제작 - 칭찬 릴레이	- 긍정적 피드백 연습 - 유명 인물의 강점 분석 - 강점 기반 문제 해결 활동 - 공동 프로젝트에서 역할 나누기 - 서로의 강점을 살리는 협업 실험
공감과 연민 나타내기	- 감정 카드로 공감 연습 - 공감 편지 쓰기 - 영화 속 감정 분석하기 - 공감적 경청 실습 - 친구 인터뷰하기 - 어려운 경험을 공유하는 이야기 나누기	- 친구의 감정을 알아차리고 반응하기 - 공감적 문제 해결 연습 - 연민을 실천하는 행동 실험 - 어려운 상황에 있는 사람 돕기 캠페인 - 일상 속 작은 친절 실천

타인의 감정에 관심 표현하기	- 감정 일기 교환하기 - 감정에 공감하는 표현 연습 - 친구의 기분을 반영한 메시지 작성 - 어려운 상황에서 필요한 말 찾기 - 감정을 표현하는 다양한 방식 탐색	- 뉴스 속 타인의 감정 분석 - 감정 공감 게임 진행 - 소설이나 영화 속 감정 변화 추적 - 친구의 고민을 경청하고 반응하기 - 관계 속에서 감정 조절 연습
감사를 이해하고 표현하기	- 감사 일기 작성 - 감사 표현 카드를 만들어 친구에게 전달 - 감사하는 이유 10가지 적어 보기 - 감사 서클 활동 - 감사 편지 쓰기	- 감사의 힘에 관한 토론 - 감사한 순간을 그림이나 사진으로 표현 - 교실에서 서로 감사의 말 나누기 - 감사 명언 분석 및 적용 - 감사의 중요성을 직접 경험하는 실천 과제
불공정한 규범을 포함한 다양한 사회 규범 인식하기	- 사회규범 탐색 게임 - 부당한 규범이 미치는 영향 토론 - 규범 변화를 위한 해결책 제안 - 뉴스 속 불공정한 규범 분석 - 차별과 편견이 담긴 규범 연구	- 세계 여러 나라의 규범 비교 - 역사적 사건 속 사회규범 변화 분석 - 공정한 규범과 불공정한 규범 비교 - 규범을 변화시키는 행동 기획 - 규범을 주제로 한 연극 만들기
상황에 따른 요구와 기회 인식하기	- 주어진 상황에서 최선의 선택 찾기 - 문제 상황 해결을 위한 아이디어 제안 - 다양한 역할 속에서 행동 연습 - 특정 직업의 상황적 요구 분석 - 역사적 사건에서 기회와 위기 탐색	- 사회적 요구에 맞는 행동 선택 게임 - 친구의 요청에 적절한 반응 찾기 - 역할극을 통한 상황 대응 연습 - 위기 속에서 기회를 발견한 사례 연구 - 교실 내 협력적 문제 해결 프로젝트
조직 및 제도가 행동에 미치는 영향 이해하기	- 학교 규칙 탐험 프로젝트 - 우리 학교 의사 결정 지도 만들기 - 교내 조직 인터뷰 활동 - 역할극: 학교의 다양한 직무 체험, 학생회 회의 모의 실습 - 지역사회 정책 분석 및 토론	- 기업 윤리와 사회적 책임 연구 - 학교 운영 위원회 시뮬레이션 - 공공기관 및 행정 절차 탐색 프로젝트 - 사회운동과 조직의 영향력 비교 분석

사회적 인식 역량의 그 밖의 하위 기술로는 타인이 가진 능력이나 긍정적인 특성 등 장점을 인식하고 존중하는 태도 기르기, 타인의 감정을 세심하게 살피고 그 감정을 존중하며 반응하기, 자신이 받은 도움이나 배려에 대해 그 의미를 되새기고 진심 어린 감사 표현으로 관계 강화하기, 특정한 사회적 상황 속에서 자신과 타인에게 요구되는 행동이나 기회를 민감하게 파악하기 등이 있다.

사회적 인식은 감정에만 초점을 두지 않고, 타인의 삶과 맥락을 이해하는 인지적·정서적·도덕적 복합 역량이다. 앞서 언급했던 룰러 프로그램의 '청사진'은 갈등이 생겼을 때 자신과 상대방의 입장 차이를 명확히 이해함으로써 문제를 해결하는 방법을 배우는 도구이다. 청사진은 갈등 상황에서 각자의 관점과 감정을 체계적으로 분석하고, 상호 이해를 바탕으로 건설적인 해결 방안을 모색할 때 도움이 된다.[25] 학생들이 서로 다투었을 때 각자의 목표, 감정, 행동을 차트에 정리해 보면 상황을 객관적으로 바라볼 수 있게 된다. "네 목표는 무엇이었니?" "그때 어떤 감정이었어?" "상대방의 목표는 뭐였을까?" 같은 질문을 통해 갈등의 본질을 파악하고 해결책을 찾아가는 과정이다.

또한 사회 규범 인식 기술은 '규칙 지키기'에서 더 나아가, 규범의 타당성과 변화 가능성을 성찰하는 데까지 확장되어야 한다. 예를 들어 광고 속 성 역할 고정관념이나 학교 규칙의 차별 요소를 분석하고, 이를 개선하기 위한 제안문을 작성하는 활동은 사회규범에 대한 비판적 시각을 키우는 데 효과적이다. 교사 자신도 무의식적 편견이 있을 수 있다는 점을 인정하고 학생들과 함께 성찰하는 자세가 중요하다. "선생님도 때로는 편견을 갖고 판단할 때가 있어요."라며 솔직하고 열린 태도를 보이는 것이 필요하다.

원격 수업 환경에서는 물리적 접촉과 직접적인 상호작용이 제한되기 때문에, 사회적 인식 역량을 의도적으로 개발하려는 노력이 필요하다. 다음은 원격 환경에서 적용할 수 있는 사회적 인식 활동 사례이다.

원격 상황에서 사회적 인식 역량을 기르는 활동 예시[26]	
디지털 관점 교환	화상회의 플랫폼의 소회의실 기능을 활용해 학생들이 쟁점에 대한 다양한 관점을 탐구하는 토론 진행하기. 각 학생이 특정 입장이나 역할을 맡아 그 시각에서 논의하고, 후에 전체 그룹에서 다양한 관점에 대해 성찰하는 기회 갖기
원격 다문화 교류	다른 지역 또는 국가의 학교와 화상 교류 프로그램 진행하기 학생들이 서로 다른 문화적 배경과 생활 방식을 이해하는 기회 제공 문화적 공감 능력과 세계시민 의식 키우기
원격 공감 서클	정기적 온라인 모임에서 감정, 경험, 도전에 대해 공유·지지하는 공간 만들기 적극적 경청, 비판단적 태도, 지지적 피드백 등 공감적 의사소통 기술 가르치고 실습하기
디지털 사회 이슈 분석	온라인 뉴스 기사, 소셜 미디어 포스트, 디지털 광고 등 비판적 분석 사회규범, 편견, 권력관계 탐구 프로젝트 디지털 프레젠테이션, 블로그 포스트, 팟캐스트 형태로 결과물 공유하기

원격 환경에서의 사회적 인식 활동은 비언어적 단서가 제한되는 화상 수업의 특성을 고려해야 한다. 학생들은 감정과 관점을 의식적으로 명확하게 표현하고 확인하는 방법을 익혀야 하며, 이 과정에서 디지털 시민성과 미디어 리터러시 역량을 자연스럽게 함양할 수 있다. 모든 학생이 안전하게 자기 생각을 공유할 수 있는 온라인 환경을 조성하는 것이 핵심이다.

4
관계 기술:
협력하고 연결하는
사회적 실행력

관계 기술은 건강하고 지지적인 관계를 구축하고 유지하며, 다양한 개인 및 집단과 효과적으로 소통하고 갈등을 해결하는 능력이다. 명확한 의사소통, 적극적 경청, 협력, 문제 해결을 위한 협력적 노력, 건설적 갈등 해결, 다양한 사회적·문화적 요구와 기회가 있는 환경에서의 적응력, 리더십 발휘, 필요할 때 도움을 요청하거나 제공하는 능력이 이에 해당한다.[27]

디지털 네이티브 세대인 학생들에게 관계 기술은 온라인과 오프라인을 아우르는 통합적 역량이 되었다. 인공지능 기반 협업 도구, 실시간 공유 플랫폼 등 새로운 소통 환경에서도 진정성 있는 관계를 맺고 유지하는 능력은 미래 사회에서 성공적인 협업과 리더십을 발휘하는 데 필수적이다. 관계 기술 역량의 하위 기술로는 다음과 같은 것이 있다.

① 효과적으로 의사소통하기

효과적인 의사소통은 자기 생각과 감정을 명확하면서도 상대방을 존중하는 방식으로 표현하고, 상대의 말을 경청하고 이해하는 능력이다. 적극적 경청, 명확한 자기표현, 비언어적 신호 해석 등이 포함된다.

요즘 학생들은 대면 대화보다 SNS를 통한 소통에 더 익숙하다. 그런데 텍스트로만 소통할 때는 감정이나 뉘앙스가 제대로 전달되지 않아 오해가 생기기 쉽다. 따라서 교실에서는 의도적으로 얼굴을 마주하고 대화할 기회를 많이 만들어 주고, 비언어적 의사소통의 중요성을 가르칠 필요가 있다.

② 건설적으로 갈등 해결하기

갈등을 건설적으로 해결한다는 것은 다양한 의견, 필요, 관심사가 충돌할 때 이를 평화롭고 공정하게 해결하는 과정과 전략을 말한다. 이 기술은 다른 사람의 관점을 이해하고, 감정을 조절하며, 타협과 협상을 통해 모두에게 수용 가능한 해결책을 찾는 능력이다.

학생들에게 갈등이 반드시 나쁜 것은 아니라는 점을 가르치는 것이 중요하다. "갈등은 자연스러운 것이고 인간관계에서 끊임없이 발생하는 역동성"[28]이라고 인식하는 '갈등 전환'의 관점을 가르쳐야 한다. 갈등을 피하거나 이기려 하지 않고, 서로 다른 관점이 만나는 기회로 받아들여 서로 이해하고 성장하는 계기로 만들어 나가는 것이다. 그렇게 할 때 비로소 의미 있는 변화가 가능하다.

③ 팀워크와 협력적 문제 해결 연습하기

공동의 목표를 이루기 위해 다른 사람과 효과적으로 협력하는 능력이다. 서로 역할을 나누어 맡고, 다양한 의견을 존중하며, 함께 해결책을 찾아가는 과정을 포함한다. 모둠 활동이나 프로젝트를 진행할 때 학생들은 자신이 몰랐던 능력을 발견하고, 친구들의 다양한 강점을 새롭게 알게 된다. 서로 다른 의견이 부딪힐 때 조율하고 타협하는 것을 실제로 경험하면서, 갈등을 피하지 않고 건설적으로 풀어 나가는 방법을 체득한다. 이런 경험은 복잡한 사회문제를 함께 해결해 나갈 수 있는 시민 역량의 토대가 된다.

④ 도움 주고받기와 사회적 압력에 저항하기

도움 주고받기는 필요할 때 적절하게 도움을 요청하고, 타인에게 지원을 제공하는 능력이다. 사회적 압력에 저항하기는 부정적인 또래 압력이나 불공정한 상황에 건설적으로 대응하는 능력을 의미한다. 많은 학생이 도움을 요청하는 것을 부끄러운 일이나 자존심 상하는 일, 혹은 다른 사람에게 민폐를 끼치는 일이라 여겨서 혼자 해결하려고 한다. 이런 경향은 어른이 되어서도 계속되어 혼자 해결하려다 더 큰 어려움에 빠지는 경우도 많다. 반면 스스로 해 보려는 시도나 노력 없이 무조건 도와달라고 하는 학생들도 있다. 두 경우 모두 작은 것부터 연습해 보면 좋다.

수업 중 모르는 내용을 질문하거나, 준비물을 깜빡했을 때 친구에게 빌려달라고 하는 것부터 시작할 수 있다. 이때 어떤 말과 행동으로 도움을 요청하면 좋은지 구체적으로 배우고 연습한다. 도움을 받았을 때는 진심으로 감사를 표현하고, 나중에 그 친구가 도움이 필요할 때 먼저 도와주는 경험을 통해 도움 주고받기가 자연스러운 일임을 깨닫게 할 수 있다.

이 외에도 다양한 하위 기술이 있다. 다양한 문화적 배경을 존중하고 문화 차이를 이해하며 조화롭게 소통하는 문화적 역량 발휘하기, 공동의 목표를 향해 협력하고 타인의 의견을 조율하며 책임 있게 이끄는 리더십 발휘하기, 불공정하거나 부당한 상황에서 타인의 입장을 이해하고 권리를 옹호하며 목소리를 내는 태도 갖추기, 신뢰와 존중을 바탕으로 지속적이고 긍정적인 인간관계를 맺고 유지하기 또한 사회적 인식 역량을 이루는 중요한 기술이다.

관계 기술 역량의 하위 기술	수업 활동 예시	
효과적으로 의사소통하기	- 비언어적 의사소통 탐색하기 - 감정 표현 연습 게임 - 적극적 경청 역할 놀이 - 정확한 지시 전달 게임 - 상황별 대화 연습 카드 활동	- 효과적인 발표 기술 연습 - 서로 다른 의견 조율하기 - 메신저를 활용한 디지털 의사소통 실습 - 불명확한 메시지 수정하기
문화적 역량 발휘하기	- 다양한 문화권의 인사법 - 세계 여러 나라의 전통 체험 - 문화적 차이를 존중하는 방법 탐구 - 문화적 관점 비교 토론 - 다문화 문제 해결 토론	- 세계의 다양한 가치 비교하기 - 문화적 편견과 차별 사례 분석 - 다른 나라의 명절과 기념일 배우기 - 문화적 다양성을 반영한 창작 활동 - 다문화 커뮤니티에 대한 연구 발표
건설적으로 갈등 해결하기	- 갈등이 발생했을 때 반응하는 방법 연구 - 갈등 해결을 위한 적극적 경청 연습 - 감정을 조절하며 대화하는 방법 실습 - 협력적 갈등 해결 토론 - 역사적 사건 속 갈등 해결 사례 분석	- 친구와의 갈등 경험 공유 및 해결법 토론 - 역할극을 통한 갈등 해결 연습 - 공정한 문제 해결 전략 찾기 - 갈등 해결을 위한 협력적 대화 기술 익히기 - 갈등 해결 경험을 돌아보고 반성하기
집단에서 리더십 발휘하기	- 팀 리더 역할 수행하기 - 모둠 내 다양한 리더십 스타일 실험 - 리더의 역할과 책임 분석 - 역사 속 리더십 사례 연구 - 리더십이 필요한 상황 해결하기	- 리더십 피드백 교환 활동 - 팀워크 속 리더십 실습 - 효과적인 리더의 특성 찾기 토론 - 도전적 목표 설정 및 실행 계획 수립 - 공동체를 위한 리더십 실천 계획 세우기
타인의 권리 옹호하기	- 인권 관련 사례 분석 및 토론 - 부당한 상황을 목격했을 때 행동 계획 세우기 - 역사 속 인권 운동 연구 및 발표 - 권리를 옹호하는 캠페인 기획하기 - 정의로운 행동에 대한 글쓰기 - 차별적인 상황에서의 대응 연습	- 친구나 지역사회를 위한 옹호 활동 - 공동체 속 불평등 문제 탐색 및 해결책 제시 - 용기 있게 말하는 법 연습 - 타인의 권리를 존중하는 구체적인 행동 실천

긍정적인 관계 형성하기	- 반 친구들에게 익명으로 긍정적 메시지 전달하기 - 수호천사 - 신뢰 쌓기 협력 게임 - 친구의 장점 찾아 칭찬해 주기 - 우정과 관계의 중요성 탐구 - 관계 속 어려움 해결 전략 찾기	- 협력적 관계를 유지하는 방법 연구 - 친구와의 갈등 경험 공유 및 해결법 토론 - 공동 목표를 가진 협력 프로젝트 수행 - 나만의 관계 규칙 정하기 - 관계 유지와 단절 경험 나누기
팀워크와 협력적 문제 해결 연습하기	- 모둠 미션 해결 도전 - 협력 퍼즐 맞추기 게임 - 제한된 자원으로 구조물 만들기 - 팀워크 퀴즈 대결 - 공동 이야기 만들기	- 팀별 과제 분배 및 수행 실습 - 문제 해결 토론 및 전략 발표 - 협력 보드게임 - 역할 분담 후 공동 목표 달성하기 - 제한 시간 내 협력 과제 해결
부정적인 사회적 압력에 저항하기	- 또래 압력에 대한 시뮬레이션 실습 - 거절하는 방법 연습하기 - 부정적인 사회적 압력 분석 토론 - 자율성과 자기주장의 중요성 학습하기 - 부정적 압력을 받았을 때 대처법 작성하기	- 역할극을 통해 부정적 압력에 맞서는 연습하기 - 광고와 미디어 속 사회적 압력 분석 - 친구 관계 속 건강한 경계 설정하기 - 자기 신념을 지키는 법 연습하기 - 부정적 압력 경험 공유 및 대처법 토론
필요할 때 지원과 도움 구하거나 제공하기	- 도움 요청 대화 연습 - 친구에게 정서적 지원 제공하기 - 협력 기반 문제 해결 활동 - 도움을 주고받는 역할극 - 도움을 요청할 수 있는 자원 조사하기	- 도움을 요청할 때 감정 탐색하기 - 신뢰 관계 형성 활동 - 도움을 받은 경험 나누기 - 주변 사람들에게 작은 친절 실천하기 - 어려운 상황에서의 도움 요청 연습

관계 기술은 수업 전반에 '문화적으로 반응하는' 방식으로 자연스럽게 녹아들어야 한다. 일회적 활동에 그쳐서는 안 되며, 교사와 학생, 또래 간의 지속적인 상호작용 속에서 '모델링-연습-피드

백' 순환이 이루어질 때 비로소 효과를 발휘한다. 회복적 서클, 공동체 헌장, 감정 기반 대화 모델은 학생들이 자기 생각을 안전하게 표현하고 타인과 연결되는 경험을 만드는 데 중요한 구조이다.

특히 권리 옹호 및 사회적 저항 기술은 민주 시민 교육과 밀접하게 연결되며, 단순히 '질문하기'를 넘어 '부당함에 행동으로 응답하는 것'을 목표로 한다. 예를 들어 학생회 활동, 캠페인 기획, 학교 폭력 예방 프로젝트 설계 등은 이 기술을 체화하는 실제적 방법이 될 수 있다.

원격 수업 환경에서 관계 기술을 기르는 것은 어려울 수 있다. 직접적인 대면 상호작용이 제한되기 때문이다. 그러나 다음과 같은 전략을 활용하면 원격 환경에서도 관계 기술을 효과적으로 연습할 수 있다.

원격 상황에서 관계 기술 역량을 기르는 활동 예시[29]	
원격 회복적 서클	화상회의 플랫폼을 활용하여 정기적인 회복적 서클 진행. 디지털 토킹 스틱을 활용하여 발언권을 표시하고, 모든 학생이 자기 생각과 감정을 안전하게 공유할 수 있는 구조화된 대화 진행.
협력적 디지털 프로젝트	공동 문서 작성 도구, 디지털 칠판, 프로젝트 관리 앱 등을 활용하여 학생들이 소그룹으로 협력해 프로젝트 수행. 역할 분담, 의견 조율, 피드백 교환 등 협력 기술 연습.

디지털 의사소통 가이드라인	학생들과 함께 온라인 의사소통에 대한 명확한 가이드라인 개발. 이메일, 채팅, 화상회의 등 다양한 디지털 의사소통 상황에서 존중, 명확한 의사소통, 적극적 경청을 실천하는 구체적 방법 배우고 연습.
원격 또래 중재 프로그램	온라인 환경에서의 갈등 중재 기술 배우고 실습하기. 교사의 지도하에 훈련된 또래 중재자들이 동료 학생들 간의 갈등 해결을 지원하는 역할 수행.

원격 환경에서의 관계 기술 교육은 실시간 협업 프로젝트와 온라인 토론 활동을 통해 이루어진다. 학생들은 화상회의에서의 적절한 의사소통 방식, 온라인 갈등 해결 방법, 디지털 환경에서의 공감 표현법을 체험적으로 학습한다. 교사는 모든 학생이 동등한 참여 기회를 갖도록 소그룹 활동과 개별 피드백을 병행해야 한다.

5
책임 있는 의사 결정:
생각하고 선택하며 책임지는 역량

책임 있는 의사 결정은 다양한 상황에서 개인의 행동과 사회적 상호작용을 배려하고 건설적인 선택을 할 수 있는 능력이다. 윤리적 기준과 안전을 고려하고 다양한 행동이 개인적, 사회적, 집단적 안녕에 미치는 이점과 결과를 평가하는 능력이 이 역량에 해당한다.[30]

책임 있는 의사 결정 역량은 단순한 문제 해결 기술을 넘어 도덕적 판단, 사회적 책임, 비판적 사고를 포괄하는 복합적인 능력이다. 이러한 역량을 갖춘 학생들은 위험한 행동에 덜 관여하고, 더 책임감 있는 선택을 하며, 시민 참여 수준이 높은 경향이 있다. 이는 책임 있는 의사 결정 역량이 개인과 공동체의 안녕에 중요하게 기여한다는 것을 시사한다. 현대사회에서 학생들은 소셜미디어, 인공지능, 기후변화 등 이전 세대가 경험하지 못한 복잡한 상황들과 마주하고 있다. 책임 있는 의사 결정 능력은 더욱 중요해지고 있으며, 단순히 개인의 성공을 위한 역량이 아니라 지속 가능한 사회를 만들어 가는 핵심 역량으로 인식되고 있다. 책임 있는 의사 결정의 하위 기술로는 다음과 같은 것이 있다.

① 호기심과 개방성 나타내기

이 기술은 다양한 관점과 가능성에 열린 마음을 유지하고, 깊이 있는 질문을 통해 상황을 탐색하는 능력이다. 호기심과 개방성은 학생들이 고정관념을 넘어서 새로운 아이디어와 다양한 시각을 고려할 수 있게 하며, 창의적이고 포용적인 문제 해결의 기반이 된다.

하지만 학생들은 검색하면 바로 답이 나오는 환경에 익숙해져 깊이 탐구하는 것을 어려워하고, 자신의 취향이나 생각에만 머물러 있는 경우가 많다. 이럴 때는 모르는 것이 있어도 바로 검색하지 말고 '왜 그럴까?'를 먼저 생각해 보거나, 평소 관심 없던 분야를 친구가 추천했을 때 '한번 접해 볼까?'라고 열린 마음으로 시도해 보는 연습이 도움이 된다. 이런 작은 연습이 쌓여 새로운 것에 대한 호기심과, 다양한 관점을 받아들이는 개방성을 기를 수 있다.

② 정보와 데이터를 분석한 후에 합리적인 판단 내리기

문제 해결과 의사 결정을 위해 관련 정보를 수집하고 평가하는 능력이다. 정보의 신뢰성과 타당성을 판단하고, 사실과 의견을 구별하며, 증거에 기반한 결론을 도출하는 과정이 포함된다. 비판적 사고와 분석 능력은 현대 정보사회에서 현명한 결정을 내리는 데 필수적이다.

학생들은 친구가 공유한 뉴스 기사를 믿을지, 역사 유튜버의 주장을 그대로 받아들일지, 온라인 쇼핑몰의 사용 후기를 어디까지 신뢰할지 등 개인적 선택부터 사회적 쟁점까지 크고 작은 판단을 매일 해야 한다. 이때 필요한 것은 단순한 정보 식별을 넘어 여러 시각에서 비교 검토해 합리적 결론에 이르는 통합적 사고력이다. 이런 의사 결정 능력을 기르는 교육이 모든 교과에서 지속적으로 이루어져야 한다.

③ 행동의 결과를 예측하고 평가하기

선택과 행동이 자신과 타인, 공동체에 미칠 수 있는 단기적, 장기적 영향을 고려하는 능력이다. 결과 예측은 책임감 있는 결정을 내리는 데 중요한 단계이며, 학생들이 충동적인 행동 대신 신중한 선택을 할 수 있게 한다.

'만약 내가 이 선택을 한다면 한 시간 후, 하루 후, 일주일 후, 한

달 후에 어떤 일이 일어날까?'와 같이 시간 축을 늘려 가며 생각해 보는 연습이 도움이 된다. 특히 청소년기에는 즉각적인 만족에 치중하는 경향이 있어서 더욱 중요하다. 이러한 결과 예측 능력은 단순히 개인적 이익만을 고려하는 것이 아니라 자신의 행동이 가족, 친구, 학급, 학교 공동체에 미치는 파급효과까지 고려하는 포괄적 사고를 포함한다. 또한 행동의 결과를 평가할 때는 다양한 관점에서 상황을 분석하고, 장기적 관점에서 최선의 선택이 무엇인지 판단하는 성숙한 사고력을 기르는 것이 핵심이다.

④ 개인 및 공동체 복지를 증진하기 위한 역할 성찰하기

자신의 결정과 행동이 공동선에 기여하는 방식을 이해하고 사회적 책임을 인식하는 능력이다. 윤리적 가치와 원칙을 적용하여 결정을 내리고, 개인의 이익과 공동체의 필요 사이에서 균형을 찾는 과정이 포함된다. 이 기술은 학생들이 시민으로서의 역할을 이해하고 실천하는 데 도움이 된다.

이는 교실에서 시작해 학교, 지역사회, 나아가 국가와 세계까지 확장되는 다층적 시민성 개념과 연결된다. '체육 시간에 실력 차이로 소외되는 친구가 있으면 어떻게 할까?' '교실에서 차별적 농담이 오갈 때 내 반응은?' '우리 지역 소상공인을 돕기 위해 무엇을 할 수 있을까?' '지구 생태계를 위한 지금 나의 선택은?'과 같이 다양한 상황에서 자신의 역할을 구체적으로 탐색할 수 있다. 이런 실천을 통해 개인의 작은 선택이 공동체와 환경을 변화시키는 출발점이 됨을 깨닫게 된다.

그 밖에도 여러 하위 기술이 책임 있는 의사 결정 역량에 포함된다. 자신과 공동체가 직면한 문제를 분석하고 실현 가능한 해결 방안을 모색하는 능력, 정보와 주장을 분석하고 다양한 관점을 바탕으로 합리적인 판단을 내리는 사고력, 자신의 행동이 타인과 사회 전반에 미치는 영향을 폭넓게 성찰하고 책임 있게 판단하는 능력 등은 학생들이 신중하고 책임감 있게 행동을 결정하고, 더 나은 사회를 만들어 가는 토대가 된다.

책임 있는 의사 결정 역량의 하위 기술	수업 활동 예시	
호기심과 개방성 나타내기	- 생각 나무 토론 활동 - 틀린 그림 찾기: 관점의 차이 - 다문화 이야기 나누기 - 미지의 세계 탐험 프로젝트 - 편견 깨기 미션	- 서프라이즈 질문 박스 - 상황극: 입장 바꿔 보기 - 다른 문화 하루 체험 - 호기심 노트 작성 - 무작위 토픽 탐구 챌린지
정보, 데이터, 사실을 분석한 후에 합리적인 판단을 내리는 방법 배우기	- 팩트 체커 미션 - 과학적 주장 검증 실험 - 뉴스 기사 비교 분석 - 역사적 사건의 양면성 탐구 - 가짜 뉴스 탐색 게임	- 통계 숫자의 함정 찾기 - 논리적 오류 찾기 게임 - 사건 재구성 활동 - 데이터 기반 의사 결정 실습 - 합리적 판단 연습 일지 작성

개인 및 사회 문제의 해결 방안 파악하기	- 사회적 문제 해결을 위한 아이디어 기획 - 학교 속 작은 문제 해결 프로젝트 - 갈등 해결 롤플레잉 - 환경 보호 아이디어 공모전 - 협력적 문제 해결 게임	- 지역사회 인터뷰 및 해결책 제안 - 역사 속 문제 해결 사례 연구 - 도전 과제 해결 경연 대회 - 문제 해결 스토리텔링 활동 - 학생 주도 규칙 만들기
행동의 결과를 예측하고 평가하기	- 미래를 그려 봐 - 선택의 결과 시뮬레이션 게임 - 의사 결정 나비효과 실험 - 나의 하루 돌아보기 일기 작성 - 역사 속 선택의 결과 분석	- 단기와 장기 결과 예측 연습 - 친구와 역할 바꿔 보기 체험 - 윤리적 딜레마 해결 토론 - 나의 결정이 사회에 미치는 영향 분석하기 - 행동의 결과 카드 게임
비판적 사고 기술의 필요성 인식하기	- 비판적 사고 저널 작성 - 광고 속 숨은 의도 찾기 - 논리 토론 배틀 - 가짜 과학과 진짜 과학 구별하기 - 경제적 선택과 그 영향 분석	- 문학작품 속 인물의 결정 분석 - 비판적 사고 보드게임 - 토론 동아리 - 미디어 리터러시 - 창의적 문제 해결 챌린지
개인·가정· 공동체의 복지를 증진하기 위한 자신의 역할 성찰하기	- 나의 역할 찾기 다이어리 - 가족과 함께하는 가치 나누기 대화 - 지역사회 봉사 프로젝트 - 감정 공유 및 공감 일기 - 서로의 강점 찾아 주기 활동	- 일상 속 친절 미션 수행 - 공익 캠페인 기획 및 실행 - 내 주변 사람에게 감사 편지 쓰기 - 역할극을 통해 공동체 책임감 배우기 - 미래의 나에게 편지 쓰기
개인·대인 관계· 공동체·제도가 미치는 영향 평가하기	- 나의 하루 영향 지도 그리기 - 교실 속 작은 변화 실험하기 - 우리 반 규칙 평가 및 개선 제안하기 - 지역사회 직업군과 역할 탐색하기 - 학교 내 시설 사용 방식 분석하기	- 사회 이슈가 개인에게 미치는 영향 토론 - 기업의 사회적 책임 사례 분석 - 공공 정책 변화가 지역사회에 미친 영향 조사 - 기관별 의사 결정 과정 비교하기 - 여러 관점에서 역사적 사건 재평가하기

책임 있는 의사 결정 역량은 실제 상황 기반 시뮬레이션과 윤리적 딜레마 토론을 통해 효과적으로 기를 수 있다. '인공지능이 생성한 글을 과제로 제출해도 되는가?' 같은 현실적 딜레마는 정보 분석, 공동체 책임, 윤리적 기준을 종합적으로 성찰하게 한다.

중요한 것은 정답을 찾기보다는 '왜 그 선택을 했는가' '그 선택이 누구에게 어떤 영향을 미치는가'를 탐색하는 과정이다. 학생들은 온라인에서 댓글 달기, '좋아요' 누르기, 정보 공유하기 등 일상의 작은 선택을 통해서도 책임 있는 의사 결정을 연습하며 디지털 시민성을 기른다.

원격 상황에서 책임 있는 의사 결정 역량을 기르는 활동 예시[31]	
디지털 윤리적 딜레마 포럼	온라인 토론 플랫폼이나 협업 도구를 활용하여 학생들이 다양한 윤리적 딜레마에 관해 토론하는 공간 만들기. 교사는 구조화된 프레임워크를 제공하여 학생들이 자신의 입장을 논리적으로 개발하고, 다른 관점을 고려하며, 결정의 결과를 예측하도록 안내하기.
의사 결정 디지털 포트폴리오	학생들이 중요한 결정을 내리는 과정을 기록하고 성찰하는 디지털 포트폴리오 만들기. 정보 수집, 다양한 선택지 분석, 의사 결정 과정, 결과 평가 등.
가상 시뮬레이션과 역할극	디지털 시뮬레이션 도구나 화상회의 플랫폼을 활용하여 학생들이 복잡한 상황에서 결정을 내리는 실습. 실시간 시나리오에서 역할을 맡아 결정을 내리고 결과를 경험하며 의사 결정의 실제적 영향 이해하기.
온라인 사회 참여 프로젝트	디지털 도구를 활용해 지역사회 문제 조사, 해결 방안 개발, 실제 변화를 위한 행동을 계획하는 프로젝트. 데이터 수집과 분석, 다양한 관점 고려, 실행 가능한 해결책 개발 등 책임 있는 의사 결정의 여러 측면이 통합됨.

원격 환경에서는 온라인 토론, 협업 프로젝트, 가상 시뮬레이션 등을 통해 의사 결정 상황을 실시간으로 체험할 수 있다. 이때 즉각적인 피드백과 성찰 기회를 제공하면 학생들의 자신의 판단 과정을 지속적으로 개선할 수 있다.

사회정서학습의 5가지 역량은 서로 밀접하게 연결되어 있으며 실제 교육 상황에서는 여러 역량이 동시에 개발된다. 사회정서학습을 성공적으로 실행하려면 다음 사항을 고려해야 한다.

- **발달 적합성:** 학생들의 나이와 발달단계에 알맞은 접근 방식 채택
- **문화적 반응성:** 학생들의 다양한 문화적 배경과 경험을 존중하고 반영
- **체계적 접근:** 학교, 학급, 개별 학생 차원의 다층적 지원 제공
- **지속성과 일관성:** 일회성 프로그램이 아닌 지속적이고 일관된 실천
- **가정-학교 연계:** 가정과 협력하여 사회 정서 기술의 일반화 촉진
- **온·오프라인 통합:** 대면 학습과 원격 학습 환경을 유연하게 활용한 역량 개발

지금까지 카셀의 5가지 사회 정서 역량을 살펴보았다. 각 역량의 의미와 하위 기술들, 사회 정서 역량을 기를 수 있는 구체적인 교실 활동들, 그리고 원격 수업 활동까지 정리하며 사회정서학습의 실천적 방향을 모색해 보았다. 그런데 최근 연구들은 이러한 개별 역량 중심 접근을 넘어서는 새로운 통찰을 제시한다.

초등학생들을 대상으로 한 최신 연구를 보면, 사회 정서 역량은 개별적으로 습득되는 것이 아니라 3가지 근본적인 발달 영역에서 통합적으로 발현된다는 것을 알 수 있다. 첫 번째는 뇌의 전전두엽 발달과 연결된 '인지적 통제와 유연성'이고, 두 번째는 자아와 타인에 대한 '마음, 감정, 정체성에 대한 이해'이며, 세 번째는 '사회적 맥락에서의 감정과 행동 조절'이다.

이는 우리가 지금까지 분리해서 생각해 왔던 카셀의 5가지 역량이 이 3가지 신경과학적, 심리학적 토대 위에서 상호작용하며 발달한다는 것을 의미한다. 자기 인식과 자기 관리는 주로 첫 번째와 두 번째 영역에서, 사회적 인식과 관계 기술은 두 번째와 세 번째 영역에서, 그리고 책임 있는 의사 결정은 세 영역 모두에서 통합적으로 나타난다.

더욱 중요한 발견은 이러한 역량들이 개인 내면의 변화만으로는 충분히 발달할 수 없다는 점이다. 아동의 사회 정서 역량은 교실을 중심으로 한 다층적 환경의 상호작용을 통해 발달한다. 교실 안에서는 또래 관계, 교사-학생 관계, 공평하고 문화적으로 반응하는 교육, 사회정서학습 프로그램과 활동이 핵심 역할을 한다. 그리고 이를 둘러싼 학교의 풍토(소속감, 신뢰, 형평성)와 문화(가치관, 관행, 자원)가 든든한 기반이 된다. 동시에 방과 후 프로그램과 학교-가정 상호작용이 연결 고리 역할을 하며, 아동 개인의 발달과 경험, 정체성 그리고 가족의 문화적 배경과 사회 경제적 여건이 복합적으로 영향을 미친다.

이는 사회정서학습이 단순히 개별 학생의 기술 훈련이 아니라 학교 공동체 전체가 함께 만들어 가는 문화적 변화임을 보여 주는 새로운 패러다임이다. 특히 경제적으로 어려운 환경에 있거나 다양한 문화적 배경을 가진 학생들까지 모두 고려한 접근이 필요하다. 그래야 모든 아이가 자신의 고유한 상황과 배경 속에서 사회정서 역량을 기를 수 있기 때문이다.

따라서 앞으로의 사회정서학습은 개별 역량의 체크리스트를 완성하는 것이 아니라, 학습자의 전인적 성장을 위한 환경을 만드는 것에 초점을 맞추어야 한다. 이러한 통합적 관점이 사회정서학습을 보다 깊이 있게 이해하고 실천하는 길을 열어 줄 것이다.[32]

4장

사회정서학습을
실천할 때
지켜야 할 원칙

— 안정은

1
사회정서학습의 네 기둥, SAFE 원칙

 많은 교사가 사회정서학습의 중요성은 충분히 인식하면서도 실제 교실에서 어떻게 적용해야 할지 막막해한다. "아이들이 감정 표현을 어색해하는데 어떻게 자연스럽게 끌어낼 수 있을까요?" "눈물을 흘리는 친구의 슬픈 감정을 존중하지 않고 오히려 재미있어하는 아이들에게 공감을 어떻게 가르쳐야 할까요?" "학습과 생활을 잘 관리하는 습관을 어떻게 기를 수 있을까요?" "가르쳐야 할 성취 기준으로 꽉 짜인 교육과정에 어떻게 사회정서학습을 연결해야 할까요?" 현장에는 이렇게 다양한 고민이 있다.
 다행히 전 세계 수백 개의 연구를 통해 효과가 입증된 사회정서학습의 몇 가지 핵심 원칙이 있다. 이 원칙들을 익히면 교실에서 사회정서학습에 체계적으로 접근할 수 있다. 무엇보다 중요한 것은 이 원칙들이 단순한 이론이 아니라 실제 교실에서 검증된 실질적인 가이드라는 점이다. 여기에서는 대표적인 SAFE 원칙부터 교실 기반 접근 방식의 3가지 핵심 요소, 그리고 교사 자신의 성장까지 사회정서학습의 성공을 위한 핵심 요소들을 하나씩 살펴보겠다.

먼저 SAFE 원칙부터 살펴보자. 2011년, 미국 시카고대학의 더랙 교수 연구 팀이 사회정서학습과 관련해 획기적인 연구 결과를 발표했다. 사회정서학습 프로그램 213개를 분석하고 학생 27만여 명의 데이터를 검토한 결과, 4가지 핵심 요소를 모두 포함한 프로그램이 훨씬 더 효과적임을 발견한 것이다.[1]

이 4가지 핵심 요소가 바로 SAFE 원칙이다. 이후 10여 년간 전 세계에서 이루어진 여러 연구를 통해 이 원칙의 중요성이 꾸준히 확인되었다. 특히 2023년에 발표된, 예일대 아동연구센터 치프리아노Cipriano 교수 팀이 53개국 57만여 명의 학생을 대상으로 한 424개 연구 메타 분석에서 SAFE 원칙을 따르는 교사 주도 프로그램이 학생들에게 가장 강력한 긍정적 효과를 가져온다는 사실이 재확인되었다.[2]

SAFE 원칙은 체계적이고 순차적인 단계별 학습Sequenced, 직접 체험하고 참여하는 활동적 학습Active, 특정 기술에 집중하는 학습

Focused, 분명하고 명시적인 목표 설정 Explicit 으로 구성된다. 이름에 드러나 있듯 이 4가지 원칙은 학생들이 '안전하게' 사회 정서 기술을 익힐 수 있는 틀을 제공한다.

체계적이고 순차적인 단계별 학습 Sequenced

순차적 학습이란 사회 정서 기술들이 서로 연결되고 시간이 지나면서 점차 강화되도록 체계적인 단계로 계획하는 것이다. 학생들이 발달 수준에 맞는 순서로 차근차근 역량을 쌓아 갈 수 있게 돕는 핵심 요소다.

아이들은 자전거를 배울 때 처음부터 두 바퀴로 달리지 않는다. 네 바퀴 자전거로 시작해서 보조 바퀴를 거쳐 두 바퀴로 발전한다. 사회정서학습도 마찬가지다. 갈등 해결을 가르치기 전에 먼저 감정 인식과 관리 능력을 키워야 한다.

초등학교 3학년 교실이라면 3월에 '내 감정 알아보기'로 시작해서 4월에는 '감정 조절하기', 5월에는 '친구 감정 이해하기', 6월에는 '함께 문제 해결하기' 순으로 사회정서학습을 진행할 수 있다. 각 단원은 이전 학습을 토대로 하여 점진적으로 복잡한 기술로 확장된다.

직접 체험하고 참여하는 활동적 학습 Active

활동적 학습은 학생들이 새로운 기술을 습득할 수 있도록 직접 참여하고 체험하는 학습 형태를 의미한다. 강의나 설명보다 체험을 통한 학습이 훨씬 효과적이라는 것은 교육학의 기본 원리이기도 하다.

"공감이 뭔지 아는 사람?" 하고 물어보는 것과, 실제로 친구가 슬퍼할 때 어떤 말을 해 주면 좋을지 역할극을 해 보는 것은 완전히 다른 경험이다. 머리로만 아는 것과 몸으로 체험하는 것 사이에는 큰 차이가 있다. 많은 학생이 자기 감정을 솔직하게 표현하거나 타인의 감정을 이해하고 공감하는 것을 어려워한다. 어떻게 해야 하는지 잘 모르기 때문이다. 어른들은 흔히 감정 표현이나 공감 같은 것은 커 가면서 저절로 잘할 수 있게 된다고 여기지만, 사회적 접촉과 상호작용이 줄어든 현대사회에서 그것은 결코 저절로 되지 않는다. 공감이 무엇인지를 이해하는 것에서 시작해, 공감을 잘하려면 어떻게 해야 하는지 실생활 맥락에서 배우고, 연습하고, 성찰하고, 수정·보완하고, 또다시 실천하고 성찰하는 과정이 교육과정에서 체계적으로 설계되어야 한다.

실제 교실에서는 역할극을 통한 갈등 상황 연습, 감정 카드를 활용한 활동, 협력 게임을 통한 팀워크 경험, 학교생활 시나리오를 바탕으로 한 토론 등 다양한 방법을 활용할 수 있다. 이러한 수업에서 잊지 말아야 할 것은 학생들이 실패를 경험하더라도 다시 시도할 수 있는 환경을 만드는 것이다. 계획을 완벽하게 실행하는 것에 초점을 맞추기보다 스스로 조절하려는 노력 자체를 인정하고 격려해야 한다.

특정 기술에 집중하는 학습 Focused

집중적 학습이란 학생들이 배워야 할 사회 정서 기술에 초점을 맞추고, 이를 익히는 데 필요한 시간을 의도적으로 확보하는 것을 의미한다. 정기적으로 시간을 확보해 꾸준히 실천한 사회정서학습 프로그램일수록 긍정적인 변화를 가져왔다는 것이 많은 연구에서 확인되었다. 특히 프로그램을 충실하게 꾸리는 것과 적절한 시간을 배정하는 것은 사회정서학습 프로그램의 효과에 큰 영향을 미친다.[3]

사회정서학습을 미루게 되는 이유 중 하나는 교육과정상 시간이 부족하기 때문이다. 하지만 누군가 "건강이 중요한 건 알지만 바빠서 운동할 시간이 없다."라고 말한다면, 우리는 입을 모아 건강해야 일도 더 잘 할 수 있다며 운동부터 시작하라고 권할 것이다. 사회정서학습도 마찬가지다. 감정과 관계를 돌볼 시간이 없다고 미룰수록 교실은 더 자주 멈추고 흔들린다. 감정을 조절하고 친구와 협력하며, 스스로 동기를 조절하는 사회 정서 기술을 익힐 때, 학생들은 학습에 더 잘 몰입하고 교실도 더 안정된다. 시간이 없으니 미뤄야 하는 것이 아니라 시간이 없을수록 필요한 것이 사회정서학습이다.

집중적 학습을 위해 2022 개정 교육과정에서 새롭게 도입된 학교 자율 시간을 활용하여 사회정서학습 프로그램을 운영하는 방법을 제안할 수 있다. 활동이나 과목으로 편성하여 일주일에 한두 시간씩, 한 학기 동안 운영하는 것이다. 감정 인식과 표현, 경청과 공감, 대화 기술, 갈등 전환처럼 서로 연결된 기술들을 중심으로 교육과정을 구성할 수 있다.

이때 중요한 것은 단순히 기술을 인지적으로 이해하는 데 그치지 않는 것이다. 사회 정서 기술의 개념과 구체적인 방법을 배우고, 수업에서 연습하고, 실생활에서 익히는 과정이 필요하다. 앞서 강조했던 것처럼 실천 과정과 결과를 성찰하고 성찰 결과를 반영하여 개선하는 일련의 과정이 교육과정에 명확하게 포함되어야 한다.

미국 캘리포니아주의 시어도어알렉산더박사 과학센터학교 Dr. Theodore T. Alexander Jr. Science Center School, LAUSD 는 매월 하나의 사회 정서 기술을 주제로 삼아 운영하고 있다. 예를 들어 9월은 '감정과 느낌', 10월은 '대처 기술', 11월은 '공감'을 주제로 정하여 학생들이 특정 역량을 집중적으로 학습하도록 한다.[4]

이처럼 정기적이고 지속적인 접근이 필요하다. 더랙과 듀프레이Durlak & DuPre, 2008는 사회정서학습 프로그램의 효과성을 위해서는 적절한 시간 배정과 체계적 실행이 핵심이라고 강조했으며, 집중적이고 의도적인 학습 접근이 더 효과적이라고 보고한 바 있다.[5]

사회정서학습은 문제가 생겼을 때 잠깐 하는 것이 아니라 학생들이 이러한 기술을 자연스럽게 체화할 수 있는 지속적인 과정이어야 한다.

분명하고 명시적인 목표 설정 Explicit

명시적 접근은 사회정서학습 프로그램이 사회 정서 기술이나 목표를 명확히 겨냥해야 한다는 의미이다. 목표의 명시적 설정과 정의가 프로그램 효과성의 핵심 요소라는 점은 많은 연구에서 확인되었다. 특히 사회정서학습에서는 추상적인 개념들을 다루기 때문에 구체적이고 명확한 목표 설정이 더욱 중요하다. 앞서 언급한 2011년에 더랙 등이 진행한 메타 분석에서는 명시적으로 정의된 목표를 가진 사회정서학습 프로그램이 그렇지 않은 프로그램보다 '효과의 크기'에서 유의미하게 높은 결과를 보였다고 보고했다.⁶ 또한 2023년 치프리아노 팀의 최신 메타 분석에서도 구체적이고 명확한 학습 목표를 제시한 교사 주도 프로그램이 학생들의 사회 정서 역량을 향상하는 데에 가장 큰 영향을 미쳤다는 점이 입증되었다.⁷

"오늘 우리는 서로 친하게 지내는 법을 배울 거예요."라고 말하는 것과 "이번 시간은 공감하는 마음을 기르는 시간입니다. 공감이란 다른 사람의 처지에서 생각해 보는 것입니다."라고 말하는 것은 전혀 다르다. 전자는 학생들에게 막연한 방향만 제시하지만, 후자는 구체적인 기술과 그 정의를 명확히 제시한다.

학생들은 자신이 무엇을 배우고 연습하고 있는지 분명히 알아야 한다. 마치 지피에스GPS가 목적지를 정확히 알아야 최적의 경로를 안내할 수 있듯, 명확한 목표가 있어야 효과적인 학습이 가능하다. 효과적인 사회정서학습 수업을 위해 교사는 다음과 같은 요소들을 명시적으로 제시해야 한다. 첫째, 수업 목표를 학생들이 이해할 수 있는 언어로 명확히 설명한다. "오늘은 화가 날 때 마음을 진정시키는 방법을 배워 보겠습니다."처럼 구체적으로 말하는 것이다. 둘째, 배우는 기술의 이름과 의미를 정확히 정의한다. 예를 들어 "자기 조절력이란 내 감정과 행동을 스스로 관리하는 능력입니다."라고 설명하는 것이다. 셋째, 학습한 내용을 일상에서 어떻게 활용할지 구체적인 상황과 연결하여 안내한다.

예를 들어 갈등 전환 프로그램을 운영할 때 '학급 공동체 의식 함양'이라는 막연한 목표로 시작하는 것보다는 '회복적 서클에서 자신의 행동이 타인에게 미친 영향 성찰하기' '상대방의 피해와 감정을 진정성 있게 경청하기' '관계 회복을 위한 행동 계획 수립하기' 등으로 구체화하는 것이 효과적이다. 그런 방식으로 '회복적 대화 기술'을 가르쳤을 때 학생들은 무엇을 연습해야 할지 정확히 알고 실제 상황에 적용할 수 있게 된다. 그 과정에서 학생들은 '내가 재미있다고 생각했던 행동들이 상대방에게는 모멸감과 소외감을 주는 폭력이었음을 깨달았다' '내 기준이 아니라 상대방의 관점에서 생각해야 한다는 것을 제대로 이해했다' 등의 깊이 있는 성찰과 의미 있는 변화를 경험하게 된다.

명시적 접근에서는 학습 성과도 구체적으로 확인해야 한다. "오늘 배운 공감 표현을 친구에게 사용해 보세요."라고 과제를 제시하고, 다음 시간에 '어떤 상황에서 어떤 표현을 사용했는지, 친구의 반응은 어땠는지' 나누는 것이다. 이러한 명시적 피드백 과정을 통해 학생들은 자신의 성장을 명확히 인식하고, 부족한 부분을 파악할 수 있다.

매주 '이번 주 나의 감정 조절 목표'를 구체적으로 정하고, 주말에 '목표 달성도 체크리스트'를 작성해 볼 수 있다. 이런 지속적인 점검을 통해 학생들의 자기 조절 능력과 자기 효능감이 향상된다.

명확한 목표 설정은 학습자의 메타 인지 발달에도 긍정적 영향을 미친다.

SAFE 원칙은 효과적인 사회정서학습을 위한 기본 틀을 제공한다. 순차적이고 체계적인 단계별 학습, 직접 체험하고 참여하는 활동적 학습, 특정 기술에 집중하는 학습, 분명하고 명시적인 목표 설정이라는 4가지 요소는 전 세계 수많은 교실에서 그 효과가 입증되었다.

그렇다면 이러한 원칙들을 실제 교실에서 어떻게 구현할 수 있을까? 단지 SAFE 원칙을 아는 것만으로는 실제 교실에서 실천하기가 쉽지 않다. 그래서 교실 기반 접근 방식이 중요하다. SAFE 원칙이 '무엇을' 해야 하는지에 대한 답이라면, 교실 기반 접근 방식은 '어떻게' 실천할 것인지에 대한 구체적인 방법론이다.

2
교실 기반 접근의
3가지 핵심 요소

 카셀에서 제시하는 교실 기반 접근 방식은 사회정서학습의 학교 전체 적용을 위한 열 개 지표 중 핵심적인 부분에 해당한다. 교실 기반 접근이란 교사가 일상적인 교실 환경에서 사회정서학습을 통합적으로 실천하는 방식을 의미한다. 별도의 프로그램이나 외부 전문가에 의존하지 않고 교사가 주도하여 교실 문화, 수업 방식, 학생 관계 등 교실의 모든 측면에서 사회정서학습이 자연스럽게 이루어지도록 하는 접근이다.

 효과적인 사회정서학습 교실은 3가지 핵심 요소를 포함해야 한다. 첫째, 지지적 교실 환경, 둘째, 명시적 사회정서학습 수업, 셋째, 교과 교육과 사회정서학습의 통합이다.[8] 이는 마치 삼각형의

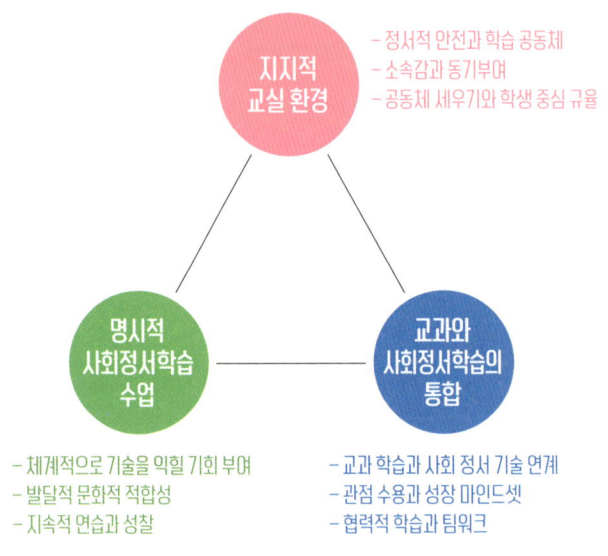

카셀의 교실 기반 사회정서학습의 3가지 핵심 요소[9]

세 변처럼 서로 지지하고 보완하는 관계에 있다.

지지적 교실 환경이 학생들의 정서적 안전감과 소속감을 위한 토대를 마련하면, 명시적 사회정서학습 수업을 통해 구체적인 기술을 체계적으로 배우고 연습할 수 있다. 또한 교과 학습과정에서 사회 정서 기술을 의도적으로 연결하고 활용하면, 학생들은 배운 기술을 다양한 학습 상황에서 적용하며 깊이 체화하게 된다. 이 세 요소가 서로 맞물려 작동할 때, 교실은 지식 전달의 공간을 넘어 학생들의 전인적 성장을 돕는 진정한 학습 공동체로 거듭날 수 있다.

이 3가지 핵심 요소를 구체적으로 살펴보기 전에 분명히 할 점이 있다. 교실 기반 접근이 사회정서학습의 최종 목표는 아니라는 것이다. 사회정서학습은 교실을 넘어 학교 전체로, 그리고 가정 및 지역사회까지 나아가는 체계적 접근이 필요하다. 교실에서 배운 사회 정서 기술이 학교의 모든 공간 및 가정과 지역사회에서 일관되게 강화될 때 비로소 진정한 효과를 발휘할 수 있기 때문이다.

이 점을 염두에 두고 카셀의 교실 기반 사회정서학습의 3가지 핵심 요소를 구체적으로 살펴보자.

하나, 지지적 교실 환경: 마음의 안전 기지

지지적 교실 환경은 학생들이 안전하고 존중받으며 소속감을 느낄 수 있는 교실 분위기를 의미한다. 또한 학생들의 문화적 배경을 존중하며 관계 형성과 공동체 만들기에 중점을 두는 교실을 말한다.[10] 이는 학업적, 사회적, 정서적 학습이 꽃피울 수 있는 토양과 같은 역할을 한다. 2009년 코헨Cohen 등의 연구에 따르면 학교 환경의 질은 안전, 교수 학습, 관계, 물리적 환경 및 구조의 4가지 차원으로 구성되는데[11], 특히 심리적 안전감은 학습과 발달에 직접적인 영향을 미친다.

교실이 단순히 지식을 전달받는 공간이 아니라 마음이 성장하는 안전 기지가 되려면 어떤 조건이 필요할까? 학생들이 '여기서는 내가 실수해도 괜찮아.' '내 감정을 표현해도 안전해.' '나는 이 교실의 소중한 구성원이야.'라고 느낄 수 있어야 한다. 이러한 환경에서 학생들은 감정을 자유롭게 표현하고, 건강한 관계를 형성하며, 학습에 대한 동기와 참여도를 높일 수 있다. 정창우는 사회정서학습을 연구한 2013년 논문에서 "사회정서학습 분야의 연구자들에 따르면 사회 정서 기술의 유능성은 '학습에 참여하는 과정에서 자신이 가치 있는 존재로 인식되고 존중받고 있으며 타인과 상호 연결되어 있다고 느낄 수 있는 환경', 즉 보다 안전하고 지지적인 환경의 맥락에서 촉진될 수 있다."[12]라고 언급했다. 특히 학생들이 심리적으로 안정될 때 학습에 몰입할 수 있으며 서로 신뢰하고 협력하는 관계를 형성하여 갈등이 줄어든다.

지지적 교실 환경을 위한 3가지 핵심 영역은 다음과 같다.

① **정서적 안전과 학습 공동체**
정서적으로 안전한 환경이란 학생들이 실수를 두려워하지 않고 자기 생각과 감정을 자유롭게 표현할 수 있는 환경을 의미한다. 학습 공동체는 모든 구성원이 서로의 학습과 성장을 지원하는 협력적 관계를 바탕으로 한다.

실제로 교실에서는 감정을 건강하게 표현하는 것을 어려워하는 학생들을 자주 볼 수 있다. 모둠 활동에서 의견 차이가 생겼을 때 대화를 하며 서로 양보하고 타협하기보다는 강한 목소리로 자기주장만 하거나 교사에게 끊임없이 고자질하는 아이, 자기 기준에 맞지 않으면 아예 모둠 활동에 참여하지 않고 일부러 딴짓을 하거나 훼방을 놓는 아이도 많다. 이러한 방식의 감정 표현은 교실 안에서 끊임없이 갈등을 만들고 협력적 학습 분위기를 해친다.

이러한 문제가 반복되는 이유는 학생들이 안전하다고 느끼지 못하기 때문일 수 있다. 자신의 실수나 부족함이 드러날까 봐 두려워하고, 다른 사람의 시선을 의식하며, 자신의 진짜 마음을 표현했을 때 무시당하거나 비난받을 것을 걱정한다. 따라서 무엇보다 학생들이 심리적으로 안전하다고 느낄 수 있는 환경을 만드는 것이 우선이다.

심리적 안전감을 바탕으로 한 학습 공동체 조성을 위해 다음과 같은 전략들을 적용할 수 있다. 먼저 감정 일기를 쓰거나 감정 카드를 활용해 학생들이 자신의 감정을 자유롭게 표현하는 연습을 할 수 있다. 실수했을 때 실패라고 생각하지 않고 배움의 기회로 받아들이는 분위기도 중요하다. 또한 서로를 성급하게 판단하거나 비난하지 않고, 상대방의 상황을 이해하려 노력한다는 약속을 만드는 것도 도움이 된다.

갈등 상황에 대처하는 것도 중요한데, 이때 회복적 대화와 서클을 활용하면 학생들이 서로의 마음을 이해하는 기회가 된다. 무엇보다 교사가 먼저 솔직하면서도 지혜롭게 감정을 표현하는 모습을 보여 주면 학생들도 자연스럽게 따라 하게 된다.

② 소속감과 동기부여

소속감은 학생들이 교실 공동체의 소중한 구성원이라고 느끼는 것으로, 이것이 바탕이 될 때 내재적 동기가 발생한다. 학생들은 자신이 교실에서 중요한 존재라고 느낄 때 적극적으로 참여하고 도전하려는 의욕이 생긴다.

이러한 소속감과 동기를 높이려면 먼저 학생 개개인의 강점과 관심사를 파악하고 인정하는 것이 중요하다. 교사는 일상적 대화, 관찰, 학습 활동 반응, 상담 등을 통해 각 학생의 고유한 재능과 흥미 등을 발견할 수 있다. 학생들의 다양성을 교사가 진심으로 인정하고 격려해 줄 때 교사와 학생 사이에 서로 신뢰하고 존중하는 따뜻한 관계가 만들어지고, 학생들은 편안한 마음으로 교실 활동에 적극적으로 참여하게 된다.

또한 모든 학생에게 학급 공동체에 기여할 수 있는 역할을 부여하면 좋다. 교사가 일방적으로 역할을 지정하기보다는 학생들이 스스로 원하는 역할을 고르고 서로 대화와 양보, 타협을 통해 조정하는 것을 연습하는 것이 바람직하다. 역할에는 학급 기자, 학급 사서, 식물 돌봄이 같은 학급 업무와 관련된 것도 있지만, 마음의 역할이 매우 중요하다. 정진(2016)은 "교실에서 나의 역할은 표면적인 것이라기보다는 내면적인 특성을 지닌. '교실에서의 내 역할'을 찾기 위해서는 우선 아이 자신이 교실에서 자기 마음의 위치를 생각해 보고, 자발적으로 참여할 수 있는 긍정적 요소들을 결합해 역할을 구성하도록 도와야 한다."[13]라고 말하고 있다. 학생들이 교실에서의 내 마음의 위치를 표현해 보고, 친구들의 마음의 위치도 이해한 후 그러한 교실에서 내가 할 수 있는 역할을 생각하여 '에너지 비타민' '무지개' '반창고' '대나무숲' '수호천사' 등 자신만의 마음의 역할을 찾아갈 수 있다.

학생들이 자신의 선택에 따른 결과를 직접 경험하면서 자율성과 책임감, 관계성을 기르면 이것이 학습에 대한 내재적 동기로 이어진다. "네가 친구들의 마음을 잘 알아주는 모습이 정말 멋지다." "네가 끝까지 포기하지 않고 도전한 모습이 정말 대단했어." 와 같이 학생의 정서적 역량과 과정에 초점을 맞춘 피드백은 학생들의 성장 마인드셋을 기르고 지속적인 학습 동기를 불러일으킨다는 것도 잊지 말자.

③ 공동체 세우기와 학생 중심 규율

학생 중심 규율은 처벌보다 학습과 성장에 초점을 맞춘 접근이다. 진정한 공동체는 외부에서 강요된 규칙이 아니라 구성원들이 함께 만들어 가는 약속을 바탕으로 형성된다.

학급 약속을 함께 만드는 과정은 공동체 세우기의 핵심이다. 새 학기 초반에는 '떠들지 않기' '뛰지 않기'와 같은 금지 위주의 규칙들을 제시하던 아이들이, 민주적 토의 과정을 경험하며 점차 '서로의 다름을 인정해요.' '친구의 말을 적극적으로 경청해요.' '몸과 마음의 경계를 지켜요.' '판단하기 전에 질문해요.'와 같은 긍정적인 약속들을 만들어 간다. 이렇게 학생들이 주도적으로 참여하여 만든 약속은 교사가 일방적으로 정한 규칙보다 훨씬 잘 지켜진다.

학년 초에 학급 공동체 약속을 정하는 교육과정을 운영하는 경우가 많다. 이때 실질적으로 작동하는 의미 있는 약속과 규칙을 만들기 위해서는 먼저 일상을 세밀하게 관찰하는 단계가 선행되어야 한다. 관찰을 통해 관계에서 존중이 지켜지는 순간과 무너지는 순간을 구체적으로 파악하고, 존중의 관계를 세우기 위한 약속을 함께 만들어 나가야 한다.

이 과정에서 핵심이 되는 사회 정서 기술들을 체계적으로 배우고 연습하는 단계가 반드시 필요하다. 예를 들어 "관계의 거리"[14]를 이해하고 설정하고 연습하기, 고자질 tattling 과 말하기 telling

를 구분하고 연습하기, 효과적인 의사소통 방법인 나 전달법, 비폭력 대화법, 적극적 경청, 갈등 상황을 건설적으로 전환하는 회복적 대화 등을 단계적, 활동적, 집중적, 명시적으로 학습해야 한다. 이런 구체적인 기술들을 이해하고 연습하는 과정과 함께 학생들 스스로 공동체 약속을 세워 나갈 때, 비로소 학생 중심 규율이 살아 숨 쉬는 공동체가 만들어질 수 있다.

공동체를 세우고 학생 중심 규율을 만들어 잘 지키기 위해서는 정기적인 학급회의를 통해 문제 해결하기, 회복적 접근으로 갈등 전환하기, 서로의 차이를 존중하는 문화 조성하기, 공동의 목표를 설정하고 달성하기 등을 경험하는 것이 중요하다.

둘, 명시적 사회정서학습 수업: 직접적이고 체계적인 기술 학습

명시적 사회정서학습 수업은 "학생들이 발달적으로 적절하고 문화적으로 반응하는 방식으로 사회 정서 역량을 함양하고 연습하고 성찰할 수 있는 지속적인 기회"[15]를 제공하는 교육을 말한다. 이는 교사가 의도적이고 체계적으로 사회 정서 기술을 가르치는 별도의 수업 또한 의미한다. 명시적 사회정서학습 수업의 핵심 영역을 다음과 같이 나누어 살펴볼 수 있다.

① 체계적으로 기술을 익힐 기회 부여

사회 정서 기술은 저절로 발달하는 것이 아니라 의도적이고 체계적인 학습을 통해 습득된다. 마치 악기를 배울 때 기초부터 시작해서 점진적으로 어려운 곡으로 발전해 나가듯 사회 정서 기술도 단계별로 체계적으로 가르쳐야 한다. 아이들에게 '친구와 사이좋게 지내라'고 막연하게 말하는 것은 효과가 제한적이다. 그 대신 구체적으로 '경청하기' '공감 표현하기' '의견 차이 해결하기' 등을 하나씩 가르치는 것이 더 효과적이다. 경청하기는 '눈 맞추기' '고개 끄덕이기' '마지막에 들은 내용 요약해 주기' '궁금한 점 질문하기' '몸을 말하는 사람 쪽으로 향하기' 등으로 세분화해서 연습할 수 있게 수업을 설계할 수 있다. 공감 표현하기도 마찬가지로 '기분 묻기' '감정 반영해 주기' '위로의 말 건네기' '비슷한 경험 나누기' 등의 구체적인 단계로 나누어 가르칠 수 있다. 이렇게 하면 아이들이 어떻게 해야 할지 알게 되고, 점차 자연스럽게 이런 기술들을 사용하면서 서로 소통하는 모습을 보이게 된다.

체계적으로 기술을 기르려면 몇 가지가 필요하다. 먼저 카셀의 5가지 사회 정서 역량에 맞춰 단계별로 교육과정을 짜야 하고, 구체적이고 실용적인 기술 중심으로 수업을 구성해야 한다. 또한 학생들이 직접 보고 따라 할 수 있도록 기술을 시연해 주고 단계별 연습 기회를 충분히 제공하는 것도 중요하다. 기술을 얼마나 익혔는지 확인할 수 있는 체크리스트를 활용하고, 반복 연습을 통해 기술이 자연스럽게 몸에 배도록 도와주는 것도 빼놓을 수 없다.

② 발달적·문화적 적합성

같은 사회 정서 기술이라도 학생들의 발달단계와 문화적 배경에 따라 다르게 접근해야 한다. 초등학교 1학년에게 가르치는 감정 조절과 고등학교 3학년에게 가르치는 감정 조절은 방법과 깊이가 당연히 다르다.

초등 저학년에게는 '화나면 세 번 숨 쉬기' '속상하면 믿을 만한 어른에게 도움 요청하기' 같은 간단하고 바로 실천할 수 있는 방법부터 가르친다. 하지만 고등학생은 훨씬 복잡하다. 이들에게는 스트레스의 원인을 스스로 분석하고, 상황에 맞는 대처법을 선택하는 능력이 필요하다. 감정 뒤에 숨은 복잡한 맥락까지 이해하며 장기적 관점에서 자신을 관리하는 법을 배워야 한다.

문화적 차이도 생각보다 크다. '눈을 마주치며 이야기하기'를 가르칠 때도 그렇다. 어떤 문화에서는 어른과 눈을 마주치는 것 자체가 버릇없는 행동으로 여겨진다. 이럴 때는 '상대방에게 관심과 존중을 표현하는 방법'이라는 더 넓은 개념으로 접근하는 것이 좋다. 눈 맞춤이 어려운 학생들을 위해 적절한 신체 거리 유지하기, 상대방의 감정적 신호 읽기, 경청 자세 취하기 등 비언어적 의사소통 기술들을 알려 줄 수 있다.

발달적·문화적 적합성을 고려하는 것은 학생들의 인지적, 정서적 발달 수준을 고려한 내용을 선정하고 다양한 문화적 배경을 존중하는 포용적 접근을 하는 것이다. 또 학생들의 실제 생활 맥락과 연결된 사례를 활용하고 학생의 특성에 맞추어 개별화된 지도를 하는 것, 가족과 지역사회의 가치관을 고려한 프로그램을 설계하는 것도 중요하다.

③ 지속적 연습과 성찰

사회 정서 기술은 한번 배우고 끝나는 것이 아니라 지속적인 연습과 성찰을 통해 내재화되어야 한다. 일관성 있는 연습 기회와 의미 있는 성찰 과정이 학습의 질을 결정한다.

효과적인 사회정서학습 방법 중 하나로 정기적인 성찰 일지를 작성할 수 있다. 예를 들어 갈등 전환 기술을 가르친 후 매주 '갈등 전환 일지'를 작성하는 것이다. 어떤 갈등 상황이 있었는지, 그때 어떤 기술을 사용했는지, 결과는 어땠는지, 다음에는 어떻게 개선할지를 적는다. 처음에는 형식적으로 쓰던 학생들이 점차 진지하게 성찰하기 시작하고, 시간이 지나면서 갈등 상황에서 배운 기술을 적절히 활용하는 모습을 볼 수 있을 것이다.

성찰 일지 외에도 다양한 방법을 활용할 수 있다. '실패 이력서'

를 작성해 보는 것도 좋다. 실패한 경험을 솔직하게 기록하고, 그 경험에서 무엇을 배웠는지 되돌아보게 한다. 이를 통해 학생들은 실패를 성장의 기회로 받아들이는 태도를 기를 수 있다. 'Things to Do 리스트'를 작성해 하루 일과를 스스로 관리하는 연습도 루틴과 습관이 부족한 학생들의 자기 관리 능력 향상에 큰 도움이 된다. 감사 일기를 쓰며 하루 중 감사했던 일들을 기록하는 활동은 긍정적 사고와 정서 조절 능력을 기르는 데 효과적이다.

연습과 성찰의 일관성을 확보하려면 주 1, 2회 이상 정기적인 기술 연습 시간을 확보해야 한다. 또 실제 상황에서 적용할 기회를 제공하고, 포트폴리오를 작성하게 하는 것도 좋다. 동료와 피드백을 교환하는 시간을 마련하는 것, 교사가 지속적으로 관찰해 개별 코칭을 하는 것, 성장 과정을 시각화할 수 있는 도구를 활용하는 일 등이 필요하다.

셋, 교과와 사회정서학습의 통합: 학습과 성장의 시너지

교과와 사회정서학습이 통합될 때, "사회정서학습의 목표와 실천이 핵심 교과 내용과 교수 전략에 내재화된다".[16] 이는 별도의 사회정서학습 시간을 만들지 않고 기존 교과 수업 안에서 교과 내용을 배우는 동시에 사회 정서 역량도 함께 기르는 접근법이다.

사실 모든 교과 수업에는 이미 사회 정서 기술이 녹아들어 있다. 역사 시간에 과거 인물의 선택을 판단해 보는 비판적 사고, 체육 시간에 팀원을 격려하는 공감 능력, 미술 시간에 작품을 통해 자신의 감정을 표현하는 자기 인식이 모두 여기에 해당한다.

교과 내용과 사회 정서 역량이 의도적으로 통합된 수업에서는 학생들이 학습의 중심에 서서 복잡한 문제를 탐구하고, 함께 협력하며, 스스로 목표를 설정하고, 자신의 생각을 명확하게 표현하는 과정에서 안전하면서도 도전적인 학습 공간이 자연스럽게 형성된다.

이런 교육 경험은 단순히 좋은 수업을 넘어서 모든 학생에게 동등한 성장 기회를 제공하는 교육 혁신의 핵심이다. 학업적 성취와 사회 정서적 발달이 서로를 강화하며 상승효과를 만들어 내는 것이다.

교과 통합 사회정서학습의 핵심 요소를 3가지 영역으로 나누어 살펴보자.

① 교과 학습과 사회 정서 기술 연계

모든 교과 학습 과정에는 이미 사회 정서 기술이 자연스럽게 포함되어 있다. 수학 문제를 풀 때도 끈기와 자기 조절이 필요하고, 국어과 토론 활동에서는 경청과 의사소통 기술이 요구된다. 문제는 이를 의식적으로 인식하고 활용하느냐이다.

중학교 사회과에서 사회정서학습을 통합한 사례를 살펴보면, '다양한 문화의 이해' 단원에서 여러 집단의 다양한 문화 사례를 조사할 때 사회적 인식 역량을 함께 기르는 접근이 효과적임을 알 수 있다. 우리나라의 다문화적 상황과 여러 민족·국가의 문화를 학습하면서 '다른 문화에 대한 존중과 이해' '편견 없이 바라보기' 와 같은 사회적 인식 기술을 명시적으로 연습한다. 이 사회과 내용 요소를 국어과와 통합하여 운영한 교육과정 사례를 보자. 문화적 편견이 포함된 소설을 선정해 깊이 있게 온 작품 읽기를 진행하고, 이야기 가운데 문화적 편견이 드러난 부분에 대해 비판적 태도로 토론하고 분석적 글쓰기를 한다. 그런 다음 문화적 다양성이 살아 있는 새로운 한 챕터를 창작하는 활동을 할 수 있다. 이러한 활동을 통해 학생들은 단순한 이해를 넘어 새로운 가치와 태도를 생산하는 경험을 하며 사회적 인식 역량을 기를 수 있다.

또한 '민주주의와 시민' 단원에서 민주주의 발전 과정을 학습할 때는 역사적 사건들을 분석하며 책임 있는 의사 결정의 중요성을 체험하고, 현재 우리 사회의 문제에 대해 합리적 판단을 내리는 연습을 한다. 이러한 접근을 통해 학생들은 사회과 지식을 습득하는 동시에 실생활에 필요한 사회 정서 기술을 자연스럽게 발달시키게 된다.

교과 학습과 사회 정서 기술을 연계하려면 교과별로 필요한 사회 정서 기술을 명시하고(사회-사회적 규범, 합리적 판단, 과학-호기심과 끈기, 국어-공감과 의사소통 등), 학습 과정에서 사용한 사회 정서 기술을 의식적으로 인식하고 강화해야 한다. 또한 학습 곤란 상황에서 사용할 수 있는 자기 조절 전략을 교육하고, 교과 내용과 연결된 사회 정서 기술을 연습할 기회를 제공하며, 학습 성과와 사회 정서 역량 성장을 함께 평가하는 등 보다 종합적인 접근이 필요하다.

② 관점 수용과 성장 마인드셋

다양한 관점을 이해하고 수용하는 능력과 실패를 성장의 기회로 보는 마인드셋은 21세기 핵심 역량이다. 이는 모든 교과 학습을 통해 자연스럽게 기를 수 있는 중요한 사회 정서 기술이다.

과학 수업에서는 실험이 예상과 다른 결과를 보일 때, 단순히 '실패했다'고 여기는 것이 아니라 '왜 이런 결과가 나왔을까?'를 함께 탐구한다. 학생들은 실험의 변수를 다시 검토하고 새로운 가설을 세워 보는 과정에서 자연스럽게 성장 마인드셋이 형성되고, 동시에 다른 모둠의 실험 결과와 해석을 들어 보며 다양한 관점을 수용하는 능력도 기를 수 있다. 국어과 '온 작품 읽기'에서는 소설 속 등장인물의 행동에 대해 학생들이 자신의 독서 경험과 가치관을 바탕으로 한 해석을 나누고, 서로 다른 해석을 내놓을 때 '왜 그렇게 생각했을까?'를 함께 탐구하며 작품에 대한 이해를 확장해 간다. 이러한 경험은 일상생활에서 문제 상황에 직면했을 때도 긍정적이고 유연한 사고를 가능하게 하며, 대인 관계에도 긍정적인 영향을 미친다.

관점 수용과 성장 마인드셋을 기르려면 다양한 견해와 해석이 존재함을 인정하는 교실 문화를 만들고, 실패와 오류를 학습 기회로 활용하는 성장 지향적 피드백을 제공하며, 학생들 간의 건설적인 의견 차이를 격려하는 토론 문화를 만들어야 한다. 또한 과정 중심의 평가를 통해 노력과 개선 과정을 인정하고, 고정 마인드셋에서 성장 마인드셋으로의 전환을 돕는 언어를 사용하는 것 등이 중요하다.

③ 협력적 학습과 팀워크

협력적 학습은 단순히 함께 앉아서 과제를 하는 것이 아니라 서로의 강점을 활용하고 약점을 보완하며 공동의 목표를 달성해 나가는 과정이다. 이 과정에서 의사소통, 갈등 해결, 리더십, 책임감 등 다양한 사회 정서 기술이 자연스럽게 발달한다.

프로젝트 수업을 운영할 때 자주 겪는 문제 중 하나는 잘하는 학생 몇 명이 모든 일을 담당하고 나머지는 소극적으로 참여하는 것이다. 이런 상황에서는 진정한 협력 학습이 일어나지 않는다. 이를 개선하기 위해서는 역할을 명확히 분담하고 각자의 기여도를 평가에 반영하는 것이 중요하다. 또한 프로젝트 중간중간 '팀 체크인' 시간을 만들어서 서로의 진행 상황을 확인하고 도움이 필요한 부분을 나누도록 하면, 모든 학생이 적극적으로 참여하기 시작하고 협력하는 방법도 자연스럽게 익혀 갈 수 있다.

이때 단순히 역할만 나누는 것으로는 충분하지 않다. 학생들이 서로 소통하고 갈등을 건설적으로 해결하는 방법을 미리 배워야 한다. 예를 들어 '의견이 다를 때는 먼저 상대방 말을 끝까지 들어보기' '비판할 때는 사람이 아닌 아이디어에 집중하기' 같은 구체적인 방법을 가르쳐야 한다.

효과적인 협력적 학습을 위해서는 명확한 역할 분담과 상호 의존적 과제 설계, 팀 내 의사소통 규칙과 갈등 해결 절차에 관한 사전 교육, 개별 책임과 집단 책임의 균형 있는 평가, 정기적인 팀 성찰과 피드백 시간 운영이 필요하다. 또한 경청, 격려, 건설적 비판 등 다양한 협력 기술을 명시적으로 교육하고, 성공적인 협력 사례를 공유하고 모델링하여 학생들이 구체적인 협력 방법을 학습할 수 있도록 지원해야 한다.

3
교사의 사회 정서 역량 개발:
가르치는 자의 내적 성장

카셀의 교실 기반 접근이 성공하려면 무엇보다 교사 자신의 사회 정서 역량이 바탕이 되어야 한다. 아무리 체계적인 프로그램과 완벽한 환경을 갖추어도 정작 가르치는 교사가 자신의 감정을 조절하지 못하고 스트레스에 압도된다면 진정한 사회정서학습은 일어날 수 없다.

최근 연구들에 따르면 교사의 사회 정서 역량은 단순히 개인의 안녕에만 영향을 미치는 것이 아니라 학생들의 학습 성과와 직접적으로 연결되어 있다. 높은 사회 정서 역량을 가진 교사들은 더 효과적으로 학생들과 관계를 형성하고, 교실을 더 잘 관리하며, 학생들에게 사회 정서 기술을 효과적으로 모델링할 수 있다.[17]

교육 현장에서 많은 교사가 비슷한 어려움을 겪고 있다. 학생들에게 감정 조절을 가르치면서도 정작 교사 자신은 수업 시간에 학생들이 장난을 치거나 수업에 집중하지 않는 일이 누적되면 참고 참다가 어느 순간 화를 내고 만다. 밤늦게까지 준비한 수업이 목표에 도달하지 못하고 엉망이 될 때 교사들은 서운함과 무력함을 느낀다. 때로는 더 노련하게 지도하지 못하는 자신을 무능하다고 여기며 자괴감에 빠지기도 하고, 화를 내고 만 자신을 자책한다.

이런 경험을 통해 교사들은 자신의 스트레스를 관리하는 법을 먼저 배워야 한다는 깨달음을 얻게 된다. 교사가 자신의 감정을 잘 관리해야 학생들을 제대로 도울 수 있고, 교사 자신의 마음 건강도 지킬 수 있기 때문이다. 화가 날 때 잠깐 멈추고 깊게 숨을 쉬거나, 학생들의 행동을 개인적 공격으로 받아들이지 않으려고 노력하는 것이다. '이 아이가 나를 힘들게 하려는 게 아니라 이 아이도 뭔가 어려운 상황에 있어서 그럴 것이다.'라고 생각하면 마음이 편해지고 학생들을 더 따뜻하게 대할 수 있다.

교육 현장에서 교사들이 사회정서학습을 가르치는 데 어려움을 겪는 것은 전 세계적으로 공통된 현상이다. 신현숙이 2018년에 중학교 교사 12명을 대상으로 한 연구에서도 사회정서학습 시행의 "가장 일반적인 저해 요인은 사회정서학습에 관한 교사의 인식과 관심 부족"[18]으로 나타났다. 연구에 참여한 모든 교사가 이를 주요

문제로 인식했으며, 교사 자신의 사회 정서 역량 개발이 선행되어야 한다고 응답했다.[19]

중국 베이징의 14개 초등학교 990명의 교사를 대상으로 한 연구에서는 교사의 사회 정서 역량과 번아웃 사이의 관계를 조사했다. 연구 결과에 따르면 교사의 사회 정서 역량이 높을수록 학생들과 더 좋은 관계를 형성하고, 이것이 교사의 안녕함을 높여 번아웃을 줄이는 선순환 구조가 만들어졌다.[20]

교사의 사회 정서 역량 개발을 위해서는 체계적인 지원이 필요하다. 먼저 교사 연수는 단순한 이론이나 사례 전달을 넘어서 교사 자신이 직접 사회 정서 기술을 체험하고 연습할 수 있는 참여형으로 설계되어야 한다. 앞서 언급한 신현숙(2018)의 연구에서도 모든 연구 참여자가 사회정서학습의 효과적 시행을 위해 체계적인 교사 연수가 필요하다고 제안했다.[21] 학교 차원에서는 교사들이 스트레스를 관리할 수 있는 환경을 조성하고, 필요시 전문 상담 서비스를 제공하는 것도 중요하다.

또한 효과적인 사회정서학습을 위해서는 학생, 동료 교사, 학부모와의 신뢰 관계가 필수적이다. 교사는 다양한 배경의 사람들과 협력하고, 갈등 상황에서도 건설적인 대화를 이끌어 갈 수 있는 기술을 연습해야 한다. 학생과의 관계에서는 공감적 경청과 비판단적 태도를 통해 심리적 안전감을 높이고, 동료 교사와는 서로의 교육철학을 존중하면서도 솔직한 소통과 상호 학습이 이루어지는 협력적 관계를 구축해야 한다. 학부모와 소통할 때는 자녀에 관한 관심과 걱정을 이해하고, 교육 목표를 공유하며 함께 학생의 성장을 지원하는 파트너십을 형성하는 것이 중요하다.

교육 현장의 높은 스트레스 환경에서 교사는 자신만의 건강한 대처 방법을 찾아야 한다. 번아웃을 예방하고 지속 가능한 교직 생활을 하려면 휴식과 자기 돌봄이 중요하다. 효과적인 스트레스 관리를 위해 명상이나 운동 같은 개인적 대처법을 개발하고, 적절한 경계 설정을 통해 일과 개인 생활의 균형을 유지해야 한다. 또한 어려운 상황을 성장의 기회로 받아들이는 등 관점을 전환하고, 작은 성공들을 인정하고 축하하는 자기 격려의 습관을 기르는 것도 회복력 강화에 도움이 된다.

마지막으로 교사들이 정기적으로 만나 사회정서학습 실천 경험을 나누고 어려움을 함께 해결해 나가는 학습 공동체 활동이 중요하다. 이러한 학습 공동체는 동료 교사들의 정서적 지원 네트워크 역할도 하여 교사들이 서로의 전문성을 공유하고 상호 지지를 받을 수 있다. 교사가 자신의 사회 정서 역량과 실천을 지속적으로 성찰할 수 있는 체계적인 시스템도 필요하다. 이 시스템에는 개인적 성찰뿐만 아니라 동료나 관리자와의 개방적인 대화와 조언이 포함되어야 한다.

4
실천을 위한
구체적 전략

사회정서학습의 성공적 실행을 위해서는 앞서 다룬 모든 요소가 유기적으로 연결되어야 한다. 이를 실제 수업에서 통합하는 구체적 프레임워크로, 틀 잡기-코치하기-성찰하기 Frame-Coach-Reflect 모델을 활용할 수 있다. 이 모델은 "교사가 교과 수업에서 사회 정서 기술이 어떻게 활용되는지 학생들에게 명확하게 설명하고 강화해 주는 간단한 전략"을 제공하며 "이처럼 교과 내용과 연결된 사회정서학습은 학생들의 기술 발달을 더욱 효과적으로 돕는다."[22]

먼저 틀 잡기 단계에서는 학습 활동을 시작하기 전에 필요한 사회 정서 역량을 학생들과 함께 예측하고, 예상되는 어려움과 극복

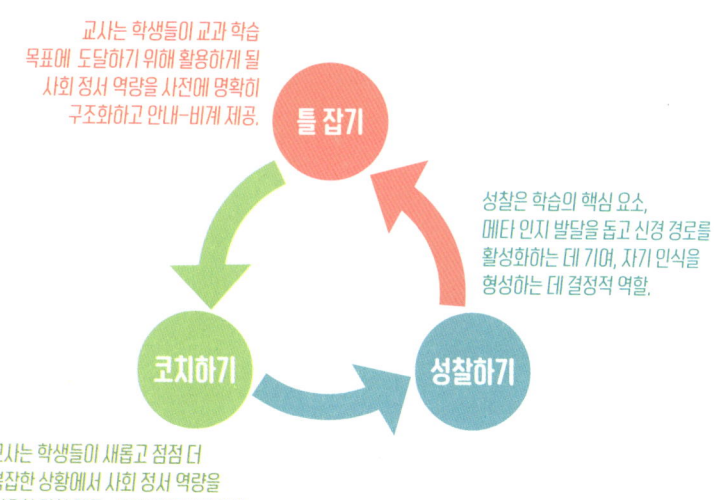

틀 잡기-코치하기-성찰하기 모델[23]

전략을 논의한다. 코치하기 단계에서는 교사가 사회 정서 역량을 모델링하고 학생들의 기술 사용을 관찰하며 구체적으로 피드백을 한다. 성찰하기 단계에서는 활동에서 사용한 사회 정서 기술에 대해 성찰하는 시간을 확보하고, 배운 기술을 다른 상황에서도 활용할 방법을 모색한다.

이 모델을 일상에 적용하는 방법은 간단하다. 아침 활동 시간에는 감정 체크인과 하루 목표 설정을 통해 필요한 사회 정서 기술을 예측한다. 수업 중에는 실시간 관찰과 피드백으로 학생들의 사회 정서 기술 사용을 구체적으로 언급하고, 갈등 상황을 바로 코칭 기회로 활용한다. 하루 마무리 시간에는 성찰 질문을 통해 하루 동안 사용한 사회 정서 기술을 점검하고 내일의 계획을 세운다. 주간 단위로는 매주 하나의 핵심 사회 정서 기술에 집중하여 월요일에 주간 주제를 소개하고, 화~목요일에 다양한 교과에서 실습하며, 금요일에 주간 성찰과 다음 주 계획을 수립할 수 있다.

실제 실행에는 체크리스트가 도움이 된다. 교사는 교과 목표와 사회정서학습 목표를 모두 명확하게 설정했는지, 학생들이 해당 기술을 연습하고 성찰할 기회가 수업에 포함되어 있는지, 학생들의 사회 정서 기술 사용법을 관찰하고 바로 피드백하고 있는지, 수업 마지막에 성찰 시간을 확보했는지 등을 점검할 수 있다. 학생들에게는 이번 주에 가장 도전적이었던 상황과 그때 사용한 사회 정서 기술을 확인하고, 잘된 점과 다음에 더 잘하고 싶은 점, 도움이 필요한 부분을 성찰할 수 있는 도구를 제공한다. 신현숙(2018)의 연구에서 사회정서학습 시행의 핵심적 성공 요건 중 하나로 "지속 가능하고 통합된 학교 시스템 구축"[24]을 꼽았다. 이러한 시스템을 만들기 위해서는 사회정서학습을 갑자기 전면적으로 도입하기보다는 단계적으로 확장해 나가는 것이 현실적이며, 각 교실과 학교의 상황에 맞는 속도로 진행하는 것이 중요하다.

교실에서는 여러 가지 어려움에 마주치게 된다. 가장 흔한 것은 시간 부족 문제인데 이는 별도 시간을 확보하기보다는 기존 활동에 통합하는 방식으로 해결할 수 있다. 학생들의 적응이 어려울 때는 교사의 자연스러운 모델링과 점진적 참여 유도가 도움이 되며, 동료 교사나 관리자의 이해가 부족할 경우에는 관심 있는 동료와 함께 시작하여 성공 사례를 공유하는 방법이 효과적이다.

사회정서학습 성공의 핵심은 3가지로 꼽힌다. 첫째, 일관성과 지속성이다. 사회정서학습은 일회성 이벤트가 아니라 매일매일 교실에서 일어나는 모든 상호작용 속에 자연스럽게 스며들어야 하는 교육철학이다. 사회정서학습 프로그램들의 장기 추적 효과에 대한 메타 분석 연구(Taylor et al., 2017)에 따르면 사회정서학습의 긍정적 효과는 프로그램 종료 후 6개월에서 최대 18년까지의 추적 기간 동안 지속적으로 관찰된다.[25] 둘째, 교사와 학생의 공동 성장이다. 교실이 서로의 감정을 존중하고, 함께 배우며, 서로를 지지하는 공간이 될 때 진정한 사회정서학습이 실현된다. 셋째, 생태계적 접근이다. 교실에서 시작된 변화는 학교 전체로, 나아가 가정과 지역사회로 확산되어야 한다.

그런데 이 모든 것은 교사 한 사람의 작은 실천에서 비롯된다. 아이의 감정을 진심으로 들어 주는 것, 실수를 성장의 기회로 바라보는 것, 교실을 따뜻한 공동체로 만들어 가는 것, 이런 작은 실천이 모여 아이들의 인생을 바꾸는 큰 힘이 된다.

참고 자료

4-1. 교실 기반 사회정서학습 실천을 위한 체크리스트

점검 항목	확인
체계적이고 순차적인 단계별 학습(Sequenced)	
발달적 계열성: 학생들의 발달단계에 적절한 순서로 사회 정서 역량을 계획했는가?	☐
기술 연계: 갈등 해결을 가르치기 전에 감정 인식과 관리 능력을 먼저 가르쳤는가?	☐
점진적 확장: 단순한 기술에서 복잡한 기술로 체계적으로 발전시키는가?	☐
연결성: 이전 학습을 토대로 시간이 지남에 따라 강화되도록 설계했는가?	☐
직접 체험하고 참여하는 활동적 학습(Active)	
체험 중심: 단순한 강의보다 역할극, 시뮬레이션 등 직접 참여 활동이 포함되는가?	☐
실패 허용: 학생들이 실패를 경험해도 다시 시도할 수 있는 환경을 만들었는가?	☐
다양한 방법: 감정 카드, 협력 게임, 실생활 시나리오 토론 등 다양한 활동을 활용하는가?	☐
과정 중심: 완벽한 계획 실행보다 스스로 조절하려는 노력 자체를 인정하는가?	☐
특정 기술에 집중하는 학습(Focused)	
정기적 시간: 주 1-2회 이상 정기적인 사회정서학습 시간이 확보되어 있는가?	☐
충분한 시간: 사회 정서 기술을 익히는 데 필요한 시간을 명확하고 의도적으로 확보했는가?	☐
주제 집중: 주간이나 월간 단위로 특정 사회 정서 역량과 기술에 집중하는가?	☐
반복 연습: 하나의 기술을 배우고 연습하고 성찰하고 다시 실천하는 과정이 있는가?	☐
분명하고 명시적인 목표 설정(Explicit)	
구체적 목표: '친하게 지내기'가 아닌 '공감하는 마음 기르기'와 같이 구체적 목표인가?	☐
기술 정의: 배우는 사회 정서 기술의 이름과 의미를 정확히 정의하여 제시하는가?	☐
일상 연결: 학습한 내용을 일상에서 어떻게 활용할지 구체적 상황과 연결하는가?	☐
성과 확인: 명시적 피드백을 통해 학생들이 자신의 성장을 명확히 인식하는가?	☐

4-2. 교실 기반 접근의 3요소 실행 체크리스트

요소	점검 항목	확인
지지적 교실 환경: 마음의 안전 기지		
정서적 안전과 학습 공동체		
심리적 안전감	학생들이 '여기서는 내가 실수해도 괜찮다'고 느낄 수 있는가?	☐
감정 표현 자유	학생들이 자기 생각과 감정을 자유롭게 표현할 수 있는가?	☐
실수를 학습 기회로	실수를 실패가 아닌 배움의 기회로 받아들이는 분위기인가?	☐
회복적 대화	갈등 상황에서 회복적 대화와 서클을 활용하여 서로 이해하는가?	☐
소속감과 동기부여		
소중한 구성원	모든 학생이 '내가 이 교실에서 중요한 존재'라고 느끼는가?	☐
개개인을 인정	학생 개개인의 강점과 관심사를 파악하고 인정하는가?	☐
기여할 역할	모든 학생이 기여할 수 있는 역할을 부여하는가?	☐
성장 과정 인정	성장과 노력 과정에 대한 구체적 인정과 격려를 하는가?	☐
공동체 세우기와 학생 중심 규율		
함께 만든 약속	학급 약속을 학생들이 주도적으로 참여하여 만들었는가?	☐
긍정적 약속	금지 위주가 아닌 긍정적인 학급 약속들이 있는가?	☐
회복적 접근	처벌보다는 학습과 성장에 초점을 맞춘 접근을 하는가?	☐
정기적 학급회의	정기적인 학급회의를 통해 문제 해결을 하는가?	☐
명시적 사회정서학습 수업: 직접적이고 체계적인 기술 학습		
체계적으로 기술을 익힐 기회 부여		
단계별 지도	사회 정서 기술을 구체적인 단계로 나누어 체계적으로 가르치는가?	☐
기술 세분화	경청을 '눈 맞추기, 고개 끄덕이기, 요약해 주기' 등으로 세분화하는가?	☐
5가지 사회정서 역량	5가지 사회 정서 역량에 따른 단계별 교육과정을 설계했는가?	☐
체크리스트 활용	기술 습득 정도를 확인할 수 있는 체크리스트를 활용하는가?	☐

발달적·문화적 적합성		
발달단계 고려	학생들의 인지적, 정서적 발달 수준을 고려한 내용을 선정했는가?	☐
문화적 배경 존중	다양한 문화적 배경을 존중하는 포용적 접근을 하는가?	☐
실생활 맥락	학생들의 실제 생활 맥락과 연결된 사례를 활용하는가?	☐
개별화 지도	개인의 특성에 맞는 개별화된 지도를 하는가?	☐
지속적 연습과 성찰		
정기적 연습	주 1, 2회 이상 정기적인 기술 연습 시간을 확보하는가?	☐
성찰 일지	개인 성찰 일지나 포트폴리오 작성 기회를 제공하는가?	☐
동료 피드백	동료와의 피드백 교환 시간을 마련하는가?	☐
지속적 코칭	교사의 지속적인 관찰과 개별 코칭을 제공하는가?	☐
교과와 사회정서학습의 통합: 학습과 성장의 시너지		
교과 학습과 사회 정서 기술 연계		
교과별 기술 명시	각 교과별로 필요한 사회 정서 기술을 명시화했는가?	☐
의식적 강화	학습 과정에서 사용된 사회 정서 기술을 의식적으로 인식하고 강화하는가?	☐
자기 조절 전략	학습 곤란 상황에서의 자기 조절 전략을 교육하는가?	☐
종합적 평가	학습 성과와 사회 정서 역량의 성장을 함께 평가하는가?	☐
관점 수용과 성장 마인드셋		
다양한 견해 인정	다양한 견해와 해석이 존재함을 인정하는 교실 문화가 있는가?	☐
실패를 학습 기회로	실패와 오류를 학습 기회로 활용하는 성장 지향적 피드백을 하는가?	☐
건설적 의견 차이	학생들 간의 건설적인 의견 차이를 격려하는 토론 문화가 있는가?	☐
과정 중심 평가	과정 중심의 평가를 통한 노력과 개선 과정을 인정하는가?	☐
협력적 학습과 팀워크		
명확한 역할 분담	명확한 역할 분담과 상호 의존적 과제를 설계했는가?	☐
의사소통 규칙	팀 내 의사소통 규칙과 갈등 해결 절차를 사전에 교육했는가?	☐
균형 있는 평가	개별 책임과 집단 책임의 균형 있는 평가를 하는가?	☐
협력 기술 교육	경청, 격려, 건설적 비판 등 협력 기술을 명시적으로 교육하는가?	☐

4-3. 교사의 사회정서학습 역량 자기 점검 체크리스트

요소	점검 항목	확인
자기 인식과 감정 조절		
감정 상태 인식	수업 중 내 감정 상태를 정확히 인식하고 있는가?	☐
스트레스 관리	예측 불가능한 상황에서도 침착함을 유지할 수 있는가?	☐
건강한 대처	자신만의 건강한 스트레스 대처 방법을 가지고 있는가?	☐
솔직한 표현	학생들에게 자신의 감정을 솔직하고 건강하게 표현하는가?	☐
관계 형성과 의사소통 기술		
신뢰 관계	학생, 동료 교사, 학부모와 신뢰 관계를 형성하고 있는가?	☐
다양한 배경 이해	다양한 배경의 사람들과 효과적으로 협력할 수 있는가?	☐
건설적 대화	갈등 상황에서도 건설적인 대화를 이끌어 갈 수 있는가?	☐
개별적 관심	각 학생의 감정과 욕구를 파악하려고 노력하는가?	☐
교사의 안녕과 회복력		
소진 예방	소진을 예방하기 위한 자기 돌봄을 실천하는가?	☐
지속가능성	지속 가능한 교직 생활을 위해 적절한 휴식을 취하는가?	☐
전문성 개발	체계적인 전문성 개발 프로그램에 참여하는가?	☐
학습 공동체	교사 학습 공동체 활동을 통해 동료들과 경험을 나누는가?	☐
지속적 성찰과 성장		
성찰적 실천	자신의 사회 정서 역량과 교수 실천을 지속적으로 성찰하는가?	☐
피드백 수용	동료나 관리자의 건설적인 피드백을 수용하는가?	☐
모델링	학생들에게 사회 정서 기술을 효과적으로 모델링하는가?	☐
공동 성장	학생들과 함께 배우고 성장한다는 마음가짐을 가지고 있는가?	☐

4-4. 틀 잡기-코치하기-성찰하기 실행 기록지

요소	실행 항목	오늘의 실행 내용
틀 잡기-수업 시작		
감정 체크인	"오늘 기분은 어떤가요? 감정 날씨로 표현해 보세요."	
목표 연결	교과 목표와 사회정서학습 목표를 함께 제시	
역량 예측	"오늘 모둠 활동에서 어떤 사회 정서 기술이 필요할까요?"	
전략 논의	예상되는 어려움과 이를 극복할 전략을 사전에 논의	
코치하기-수업 중		
실시간 관찰	학생들의 사회 정서 기술 사용을 즉석에서 관찰	
즉석 피드백	"지금 ○○이가 공감 기술을 잘 사용했네요."	
모델링	교사가 모든 상호작용에서 사회 정서 역량을 일관되게 모델링	
갈등을 기회로	갈등이나 어려움을 즉시 사회 정서 기술과 연결하여 안내	
성찰하기-수업 마무리		
기술 성찰	"오늘 어떤 사회 정서 기술을 사용했나요?"	
성공 경험	"오늘 누군가에게 친절했던 순간은 언제였나요?"	
개선점	잘된 점과 개선할 점을 균형 있게 점검하는 강점 기반 접근	
전이 계획	"오늘 사용한 협력 기술을 집에서는 어떻게 활용할 수 있을까요?"	

4-5. 학교 시스템 연계 점검

연계 영역	점검 항목	점검 항목
동료 교사 협력	다른 교사들과 사회정서학습 경험을 나누고 있는가?	☐
관리자 소통	학교 관리자와 사회정서학습의 필요성에 대해 소통하고 있는가?	☐
가정 연계	가정에서도 사회정서학습을 지속할 수 있도록 안내하는가?	☐
지역사회 연계	지역 자원을 사회정서학습에 연계할 방법을 모색하는가?	☐

2부

사회정서학습이 아무리 이론적으로 잘 정립되어 있고 연구 기반이 탄탄하다 하더라도,
실제 교실과 학교 현장에서 어떻게 구현되느냐에 따라 그 효과가 달라진다.
카셀의 2024년 연례 보고서에서도, 단순히 프로그램을 도입하는 것보다
체계적이고 통합적으로 접근하는 것이 중요하다는 점을 강조하고 있다.
사회정서학습을 학교에서 실천한다는 것은 단순히 새로운 교육과정을 추가하는 것이
아니라 기존 교육 체계 전반을 사회정서학습의 관점에서 재구성하는 일이다.
이는 교사의 교수법부터 학교의 문화, 그리고 학생들의
일상적인 학습경험까지 모든 것을 포함한다.
2부에서는 사회정서학습을 학교 현장에서 효과적으로 실천하기 위한
구체적인 방법을 살펴본다. 실제 교육과정 개발 사례들을 통해
교사들이 현장에서 바로 적용할 수 있는 실용적인 지침을 마련해 보고자 한다.

사회정서학습
실천하기

5장

사회정서학습을
하면 무엇이
달라질까?

-김이슬

2020년, 코로나19 팬데믹으로 아이들과 만나지 못하는 봄날이 길어지고 영상 수업과 실시간 줌 수업으로 인해 고민이 깊어질 때였다. 당시 아이들의 공부를 지도하는 일도 힘들었지만 더욱 걱정되는 것은 아이들의 생활 습관이었다. 걱정대로 이듬해에 아이들은 생활과 관계를 잃었고, 학교에서도 어떻게 도와야 할지 갈피를 잡지 못하고 있었다. 거기에 더해 학교 폭력과 아동 학대 등의 이슈로 상황이 더욱 심각해졌다.

그해에는 나 역시 몸도 마음도 힘들었다. 나부터 살고자 다시 공부를 시작했다. 곤란해서 시작하는 공부를 곤이지지困而知之라고 하는데, 태어나면서부터 교사인 사람도 있겠지만生而知之, 대부분은 공부를 통해 교사가 되었으니 힘들 때도 공부를 통해 극복한다學而知之.

나는 교실에서 도망치지 않고 살아남으려고 사회정서학습을 공부했다.

5년 전 처음 사회정서학습을 공부하기 시작했을 때 나는 "왜 그런 것까지 교사가 해야 하나요? 그런 건 가정에서 배워 와야 하는 것 아닌가요?" 하고 질문했다. "비인지 교육이나 인성 교육은 유치원에서 어느 정도 다 이루어지고 오는 것 아닌가요?"라는 질문도 했다. 그때 내가 떠올렸던 의문들을 정리해 보면 다음과 같다.

— '이런 것까지 교사가 해야 하는가?'
— '학교가 가정의 역할까지 해야 하나?'
— '비인지 기능은 초등 입학 전에 완성되지 않나? 그럼 초등에서는 공부를 가르쳐야 하지 않나?'
— '돌봄과 보육을 넘어 이젠 정신 건강까지 학교에서, 그것도 담임교사가 맡아야 하나?'
— '감정이며 대화며 모두 도덕, 국어에서 이미 가르치고 있는 내용 아닌가?'
— '생활교육과 어떻게 다른가?'
— '이미 법정 의무교육 시수가 넘쳐서 더 넣을 곳도 없는데 학교 사정을 알고 하는 얘기일까?'
— '그동안 하던 것들의 총합이 사회정서학습 아닌가?'

그로부터 5년이 지났다. 지금도 학교를 찾아가 강의를 할 때면 비슷한 질문이 나온다. 교사들이 그만큼 많이 지쳤다는 뜻이기도 하다. 그런데 이런 의문들을 그저 품고 있는 것만으로는 우리 교실이 나아지지 않는다는 것을 알게 되었다. '이런 것'까지 해야 아이들이 '공부를 가르칠 수 있을 정도로 안정적인 상태'가 되기 때문이다. '이런 것'까지라고 생각했던 것들이 바로 사회정서학습의 내용이다.

사회정서학습으로 나타난 변화 1
교사: 화가 잘 안 난다
학생: 선택권이 생기고, 스스로 할 수 있는 것이 많아진다

사회정서학습을 시작하며 가장 큰 변화가 나타난 사람은 누구보다 교사인 나 자신이었다. 5년 동안 나는 교실에서는 교사로서, 가정에서는 부모로서 좀 더 호혜적이고 친사회적인 사람이 되었다고 말할 수 있다. 사회정서학습에서 다루는 자기 인식, 자기 관리, 사회적 인식, 관계 기술, 책임 있는 의사 결정 역량은 아이들에게만 필요한 것은 아니기 때문이다. 카셀의 정의에서도 사회정서학습의 대상은 어린이뿐만 아니라 어른을 포함한다. 미국 소아정신과 의사로 여러 육아서를 집필하기도 한 대니얼 J. 시겔도 자신의 마음을 이해하고 다른 사람의 마음을 이해하는 '마인드 사이

트'[1]를 강조했다. 나 자신에 대한 이해를 먼저 하고 그를 바탕으로 다른 사람을 이해하기 위한 역량은 아이를 만나고 가르치는 어른들이 꼭 갖추어야 할 역량이라고 생각한다.

사회정서학습을 공부하다 보니 어떤 상황이나 조건에서 내가 평소보다 인내심이 적은지 알게 되었다. 학교에서 아이들에게는 '밥, 잠, 똥'이라고 이야기하는데, 아이들을 어떻게 대해야 하는지 머리로는 알고 있어도 아침을 먹지 않았거나, 전날 잠을 잘 못 잤거나, 속이 불편한 날이면 평소에 잘 넘어가던 일로도 마음이 불편해졌다. 우리가 만나는 아이들도 마찬가지일 것이다. 이렇게 교사로서 나 자신의 상태에 귀를 기울이게 된 것도 사회정서학습 덕분이다.

우리 교실에서는 감정 달력으로 하루를 시작한다. 무드 미터로 자기 감정을 알아보는 활동이다. 감정을 표현할 때 "짜증 나." "열 받아." "기분 나빠." 등의 단순한 표현만 쓰는 대신 자기 기분을 알아차리고 거기에 이름을 붙이는 활동을 하기만 해도 아이들의 화가 줄어들고 차분해진다는 말에 이끌려 시작했다.

모든 아이의 감정을 다 알려고 하는 것은 아니다. 기분 좋은 아이들 중 에너지가 높아 흥분하기 쉬운 아이들과 화가 많이 난 아이들, 반대로 에너지가 거의 없이 우울감이 심한 아이들을 미리 파악해 두는 정도이다. 교실에는 아이가 많으니 자세한 이야기를 주고받지는 못하지만 미리 파악한 아이들에게 "그래서 기분이 어때?" 정도의 질문을 하는 것만으로도 충분했다. 저학년 어린이들은 물어보지 않아도 아침에 등교하자마자 거침없이 다가와 그날 무슨 일이 있었는지 말하고 가기도 한다.

사회정서학습에 대해 모를 때도 '밥 친구'라는 이름으로 아이들과 점심을 같이 먹고 산책하는 일일 데이트를 번호순으로 돌아가며 하곤 했는데, 요즘 아이들은 이런 것을 별로 좋아하지 않았다. 그래서 그날의 기분을 보고 필요한 아이들과만 잠시 일대일로 이야기를 나누었다. 어느 날은 화가 너무 많이 난다는 아이가 열 명이 넘어서 두 모둠으로 나누어 서로 이야기를 하게 했다. 나는 돌아다니면서 아이들의 이야기를 들어 보다가 누구와 더 이야기를 하면 좋을지 체크했다.

이 활동을 함께하다 보니 내가 학교 오는 것을 좋아한다는 것을 알게 되었다. 아침에 집에서 정신없는 일과를 소화해도 막상 학교에 와서 교실 문을 열고 무드 미터에서 내 감정을 찾아보면, 노란 영역(기분이 좋고, 에너지도 높은 상태)인 날이 많았다. 나는 집에서 어떤 일이 있었든 학교에 오면 전환이 잘되고 기분이 좋은 편이다. 이런 면이 아이들에게도 영향을 미쳤으리라 생각한다.

교사 입장에서는 사회정서학습을 적용하면 화가 덜 난다. 학생 입장에서는 선택권이 보장되고 스스로 할 수 있는 일이 늘어난다고 볼 수 있다. 아이들의 문제 행동도 교사가 '잘하고 싶지 않은 아이는 없다'는 것을 전제로 보기 때문이다. 잘할 수 있으면 잘했을 것이다. 잘못된 행동에 대해 아이에게 왜 그랬는지 캐묻는 것은 그리 효과적이지 않았다. 아이들도 자신의 행동이 어떻게 나왔는지 모르는 경우가 더 많기 때문에 소용이 없었다. 우리가 아이들에게 그런 질문을 하고 또 효과를 보지 못하는 것은 답을 과거에서 찾기 때문이다. 사회정서학습을 공부하면서 아이가 과거에 어떤 교육을 받아서, 어떤 사건이 있어서 그런 행동을 한다고 보는 것이 아니라 사회 정서 역량이 부족하기 때문이라고 인식하고, 그 능력을 키워 주는 일에 집중하게 되었다. 이 또한 큰 소득이다.

사회정서학습으로 나타난 변화 2
교사: 불필요한 일을 줄이게 된다
학생: 보통 아이들의 힘이 세진다

나는 2021년에 사회정서학습을 처음 알았는데, 마치 내가 가진 고민을 훤히 들여다보듯 사회정서학습의 역량마다 우리 교실의 문제와 연결되어 있었다. 자기 이해, 자기 관리, 사회적 인식, 대인 관계, 책임 있는 의사 결정까지, 내가 교실에서 고군분투하던 부분이 각 역량마다 명시적인 방법과 함께 펼쳐지는 것이 재미있었다.

그동안 공부하던 학급 긍정 훈육, 회복적 생활교육, 비폭력 대화와 연결되는 지점을 찾아보기도 했다.

그런데 학교는 이미 해야 할 일들로 포화 상태이다. 그래서 사회정서학습을 하자고 하면 거기에 할 일을 또 하나 얹는 것으로 오해할 수 있다. 사실 교사들은 이미 사회정서학습을 충분히 하고 있다. '나는 공부만 가르칠 뿐 아이들을 절대 돌보지 않는다'는 교사는 없을 것이다. '나는 아이들의 전인적 성장을 위해 노력하지 않는다'는 교사도 없을 것이다. 특별히 사회정서학습을 배우지 않았어도 적절한 학문적 지식과 좋은 품성으로 아이들을 잘 살피고, 사회적 기술도 가르치고, 학문적 성장도 가져오는 좋은 교사가 더 많다. 이미 하고 있는 좋은 생활교육 방법도 많을 것이다. 다만 사회정서학습이라는 용어의 함의와 그 방법을 공부하면 이미 하고 있는 일들을 사회정서학습의 렌즈로 보게 된다. 불필요한 노력을 줄이면서 그동안의 노력들을 한 줄에 꿸 수 있다. 사회정서학습을 통해 그동안 노력했던 것과 배워서 알던 것을 통합적으로 적용하게 된다고 할 수 있다.

흔히 반에서 '힘든' 아이들은 사회 정서적인 어려움이 있는 아이들임을 체감한 지 10년쯤 되었다. 학교 폭력 사건으로 학급에서 곤란을 겪던 10년 전에 '학급 긍정 훈육'으로 사회정서학습의 줄기를 먼저 접했고, 그다음에는 비폭력 대화 기본 과정을 수료했다.

이듬해에는 회복적 생활교육 전문적 학습 공동체에서 선생님들과 공부했다. 신기한 것은 다른 지역, 다른 공부 모임을 가서도 계속 만나는 선생님들이 있다는 점이었다. 모두 학교와 교실에서 비슷한 고민을 하다가 공부를 해서 학교에 적용하고, 문제를 해결해 보려고 부단히 애쓰고 있었다. 그분들의 이야기를 들어 보면 우리 반 아이들은 공부 못해서 걱정이라는 분은 아무도 없었다. 사실 공부 걱정만 되는 아이라면 다른 문제는 없을 가능성이 높다.

학급 아이들과 '장점 찾기' 활동을 할 때였다. 구석에서 한 아이가 울고 있었다. 공부도 잘하고 노래도 잘 부르는 아이였다. 그런데 왜 우는지 물어보니 큰 소리로 이렇게 말하는 것이 아닌가.

"저는 장점이 없어요. 우리 엄마가 저는 장점이 없는 아이라고 했어요."

그 순간 교실 전체가 조용해지면서 다른 아이들도 함께 숙연해졌다. 한 아이가 아주 작은 소리로 짝에게 "나까지 너무 슬퍼."라고 하는 것이 다 들릴 정도였다. '매년 진로 시간마다 왜 학년 위계 없이 장점 찾기가 나오나?' '고학년에게 장점 찾기는 너무 쉬운 것 아닌가?' 생각했던 나는 아차 싶었다. 그 아이가 왜 종종 아이들에게 아기 같다는 소리를 듣는지 알게 된 계기였다. 바로 사회정서학습 역량에서 '자기 인식'이 되지 않기 때문이었다. 과거의 나라면 같은 학년 선생님들과 한탄하거나 걱정만 했을 텐데, 이제는 무엇을 어떻게 하면 좋을지 알게 되었다. 이렇게 아이들의 행동을 관찰해 보면 우리 학급에 필요한 역량을 알 수 있다. 먼저 적용해야 할 우선순위도 정할 수 있다. 이후 필요한 프로그램은 카셀 홈페이지에 링크된 것만 해도 너무 많아 고르기가 어려울 정도이다. 초등 교사들은 커뮤니티에서 활동지를 활발하게 공유하니, 사회정서학습의 렌즈를 가지게 되면 그동안 해 온 활동이 어느 역량에 적용되는지도 알고 적용할 수 있다.

사회정서학습은 불필요한 것을 가려내는 도구가 되기도 한다. 그동안 배워 온 다양한 생활교육을 유기적으로 연계해 최적화할 수 있었다. 학급 규칙을 만들 때는 학급 긍정 훈육의 방법을 끌어왔고, 학급 회의에는 비폭력 대화나 회복적 생활교육 서클 활동을 적용했다. 그동안 배워 온 것들을 따로 또 같이 융합해서 적용한 것이다.

교실에서 떠드는 아이, 규칙을 잘 지키지 못한 아이를 따로 부를 때면 나는 다정하게 대해 준다. 혼날 줄 알았던 아이들은 어리둥절해하다가 교실에 돌아갔을 때 정말 잘하고 싶어 한다. 실수를 인정하고 다른 대안을 같이 찾아본 아이의 변화를 친구들이 목격하기 때문에 두 배의 효과가 있었다.

어느 해에는 체육만 하고 돌아오면 욕하고 싸우는 아이들이 있었다. 서로 끊임없이 비난해서 교실 분위기가 정말 난감했다. 그

때는 체육 선생님을 속으로 조금 원망했는데, 사회정서학습을 배우면서 내가 아이들을 가르친다는 명목으로 잘못을 계속 지적하는 모습을 아이들이 그대로 배우고 있었다는 것을 깨닫게 되었다. 처음에는 그게 도움이 된다고 생각했지만 잔소리로 사람이 변할까? 아이들은 절대 그러지 않는다고 대답한다. 진심을 다해 아니라고 말한다. 그런데 우리는 왜 계속 잔소리를 하고 부정적인 이야기를 하고 지적하면서 그것이 교육이라고 생각할까? 그것을 대신할 방법을 알지 못하거나 효과가 없다고 생각하기 때문이다. 잔소리는 교육이 아닌데도 문제 해결 방법을 모르니 말로만 가르친다.

한번은 놀이의 고수, 중수, 하수에 대해 설명하는 연수를 듣고 아이들에게 설명해 주었다. 당시에는 마치 다 교육한 것 같은 생각이 들어 뿌듯했다. 하지만 결과는 처참했다. 설명만으로는 부족했다. 명시적 사회정서학습 활동이 필요한 이유가 바로 이런 것이었다. 아이들이 안다고 행동하지는 않기 때문이다. 고민하던 중에 치료실에서 활용하는 책을 접하고 '스포츠맨십 기르기' 활동을 알게 되었다. 스포츠맨십을 어떻게 표현하는지 알려 주는 간단한 말과 행동이었다. "실수해도 괜찮아." "너는 할 수 있어." "다음번에는 꼭 쳐 보자." "파이팅!" 등 사소하지만 그런 말을 듣거나 해 보지 않았으면 못하는 게 당연했다. 스포츠에서는 이겨야만 의미가 있다고 생각하는 보통 아이들은 더욱 그러했다. 나는 당장 이 표현들을 두 장짜리 파워포인트로 만들어 아이들과 체육 수업을 하기 전에 읽고 역할극을 1분 정도 해 보았다. 비언어적인 표현이 더 중요한 부분이 있기에 내가 시범을 보이고, 잘하는 아이들의 발표도 함께 보며 연습했다. 수업 내내 웃음이 끊이지 않았다.

스포츠맨십 수업은 비난을 줄이고 격려의 말을 배우는 기회가 되었다. 물론 아이들은 밖에서는 또 본능대로 할 수도 있다. 하지만 적어도 우리 교실에서는 안전하게, 서로 격려하며 활동할 수 있다는 믿음이 생기면 몇몇 돌출 행동을 하는 아이들에게 보통 아이들이 어떻게 대처해야 하는지 알게 된다. 그런 대처법을 실천에 옮기는 것을 자랑스럽게 여기도록 격려하고 칭찬하기도 했다. 명시적인 사회정서학습 활동으로 아이들의 변화를 본 이후 나는 놀림에 대처하기, 비호감 요소 줄이기, 거절하기 등 학급에서 보통 아이들에게 꼭 필요한 주제들을 모아 자주 연습했다. 한두 번으로 끝내는 것이 아니라 자주, 꾸준히, 안 되는 부분은 다시 연습해 보고 아이들의 의견을 반영해 수정하면서 발전시켜 나갔다.

규칙도 마찬가지다. 잘 지키는 많은 아이에게는 피드백을 하지 않으면서 안 지키는 아이들에게만 에너지를 쓰는 것이 참 싫었다. 보통 아이들에게는 어떻게 피드백을 할 수 있을까? 규칙을 만드는 것에 그치지 않고 그 규칙이 계속 살아 움직이게 하고, 불필요한 규칙은 없애는 과정을 거쳤다. 한 달마다 '한 달살이'를 잔치로 마무리하는 것도 좋다. 잔치를 하면서 한 달살이 평가도 같이하는 것이다. 매주마다 잘 안 되고 있는 게 무엇인지 찾아보기도 했다. 월, 화, 수, 목, 금 매일 규칙을 지켰는지 책상에 표시하기도 했다. 규칙은 간단하지만, 아이들이 지킬 수 있는 것을 말과 행동으로 나타내 보고 계속 쓰다듬고 닦아 내고 다듬게 해야만 규칙을 잘 지킨다. 이것이 안 지키는 아이들에게 지적과 비난을 하고 벌을 주는 방법보다 더 효과적이었다. 학급에는 규칙을 잘 지키는 학생이 더 많기 때문이다. 그 아이들에게 힘을 실어 주고, 잘하고 있다고 북돋는 기회로 매달 '한 달살이' 마무리 잔치를 활용했다.

작년 2월에 한 아이가 종업식을 일주일 앞두고 전학 왔다. 1년을 함께 지낸 아이들 사이에서 혼자 일주일만 생활하려면 얼마나 힘들까 싶어서 적응할 만한지 물어보았다. 그랬더니 아이들이 참 따뜻하고 다정하다며 학급 분위기가 좋아서 힘들지 않다고 말했다. 열두 살 여자아이는 매우 섬세해서 감성 지능이 성인과 비슷할 정도다. 그 아이가 읽어 낸 우리 학급의 문화와 분위기를 듣자 1년의 성적표를 받은 것 같은 기분이 들었다.

사회정서학습으로 나타난 변화 3

교사: 출석부가 깔끔해진다
학생: 건강해진다

지난 몇 년 중 힘들었던 해를 되돌아보면 유난히 출결이 좋지 않았다. 지각이 잦은 아이가 학급 생활을 잘하기는 힘들다. 코로나 19로 인해 한시적으로 가정학습 인정 결석이 있었는데도 불구하고 1년에 20~30일씩 결석하는 학생도 있었다. 고학년을 맡을 때는 반마다 이런 아이가 있어서 나뿐 아니라 다른 선생님들도 걱정이 많았다. 어느 해에는 이전 학교에서 등교 거부로 유급 직전인 아이가 전학 오기도 했다. 아이들 이야기를 들어 보면 학원에서는 만났다고 했다. 학교에 못 올 정도는 아니지만 부모님이 건강을 염려해 결석한 것일 수도 있고 아이가 실제로 오전에는 많이 아팠을 수도 있다. 어쨌든 이런 친구들이 20여 년 전보다 늘어나고 있다. 출석이 잘 안 되는 학생들을 만나고 보니 모든 아이가 학교에 매일 오는 것이 얼마나 고맙고 기적적인 일인지 알게 되었다.

사회정서학습을 본격적으로 적용한 지 3년 차에, 아이들이 오랜 기간 결석한 아이에게 이런 이야기를 하는 것을 들었다. 전해에 맡았던 아이들을 데리고 올라온 터라 아이들은 2년째 사회정서학습을 만나고 있었다.

"너 없을 때 재미있는 거 많이 했다."

"우리 체육대회도 하고, 현장학습도 가고, 월말 파티 때는 ○○이가 춤을 춰서 아이들이 웃었어."

"집에 있으면 뭐가 좋냐? 학교가 재미있는데 왜 못 나와?"

아이들의 말이 참 고마웠다. 이후 국어 시간에 겪은 일 쓰기를 하는데 그 친구는 쓸 거리가 없다며 곤란해했다. 단순히 결석을 많이 한 것이 아니라 아이들과 추억을 쌓지 못했기 때문이다. 친구들 덕분인지는 모르지만 몇 년째 1년에 20~30일씩 결석하던 아이가 2학기에는 학교에 잘 나왔다. 한 명의 사례지만 무척 의미 있었다.

앞서 장점이 없다며 울었던 고학년 아이도 사회정서학습을 하며 달라졌다. 그 아이는 평소 사회적 기술이 부족한 친구였다. 주변 상황에 어울리지 않는 말을 해서 '눈치 없다'는 말을 자주 들었는데, 정작 자신은 별로 불편해하지 않았다. 주변을 잘 신경 쓰지 않기도 했고 자기 관리는 되는 편이었기 때문이다. 공부도 곧잘 했고 과학이나 역사 등 몇몇 분야에서는 두각을 나타내기도 했다. 다만 아무리 열심히 해도 시험을 보면 80점 이상은 나오지 않았다. 이런 학생에게는 무엇을 어떻게 가르쳐야 할까? 생각보다 막막하다.

그 아이가 겪는 어려움을 사회정서학습 역량과 연결해 보니 '자기 인식 역량'이 필요하다는 것을 알 수 있었다. 자신에 대한 이해가 부족하니 자신의 긍정적인 면에 대해 알아보는 활동이 어려운 것이었다. 그 아이가 가장 어려워하는 활동이 바로 국어책에 항상 나오는 '인물의 마음은 어떠했을까요?'에 답하는 것이었다. 발표는 잘하는데 그 내용을 보면 인물의 마음과 전혀 상관없거나, 비슷하지도 않고 맥락도 없는 엉뚱한 대답을 해서 듣는 사람을 어리둥절하게 만들었다. 자기 인식 역량이 부족하니 타인 인식도 어려웠고, 작품 속 인물의 마음을 헤아릴 수 없었던 것이다. 대인 관계에서 어려움을 겪는 것도 이해가 되었다.

그러던 아이가 학급에서 1년 정도 꾸준히 사회정서학습 활동을 한 뒤, 2학기 말에 비슷하지만 조금 다른, 자신의 단점에서 장점을 찾는 활동을 어려움 없이 해내는 것을 보게 되었다. 그 아이의 변화는 1년이란 시간이 겹겹이 쌓여서 이룬 일임을, 담임교사인 나와 반 아이들뿐만 아니라 우리 반에 들어오는 전담 선생님들도 알아차렸다. 작년과 재작년에 그 아이의 담임이었던 선생님들은 아이가 갑자기 눈을 마주치고 인사를 한다며 다른 방향의 변화를 발견해 주었다. 그 친구도 1년에 20~30일씩 결석하던 아이였는데, 결석 일수도 확 줄었다.

우리 반 교실에는 지지적 환경을 만들기 위해 진정 공간을 마련해 놓았다. 3년 전과 비교해 보면 많이 발전된 형태다. 처음에는 수업 시간에 흥분을 가라앉히지 못하거나 못 앉아 있는 아이들이 이용할 수 있도록 만들었는데, 지금은 위로받고 회복하는 공간의 기능이 더 크다. 진정 공간을 만들기 위해 아이들에게 진정되려면 무엇이 필요한지 물어보았다. 그 답에 따라 텐트도 설치해 보았고 모래시계나 에어 소파를 놓기도 했다. 이걸 두고 싸우기도 해서 규칙도 만들어 스스로 붙이게 했다. 모두가 수시로 진정이 필요하다고 해서 손으로 만질 수 있는 작은 물건을 하나씩 가지고 오게 하기도 했다.

2025년 올해, 저학년 아이들은 자신들이 진정할 수 있는 방법을 27가지나 발표했다. 이 정도면 진정의 천재들이 아닌가 싶다. 그중에서 학급에서 당장 실천할 수 있는 것들로 진정 공간을 꾸몄다. 편안한 의자와 보드라운 담요, 강아지를 대신한 강아지 인형, 스노 볼을 놓은 개방적인 공간이다. 아이들은 활용도 참 잘해서 엄마한테 혼나고 와서 슬프고 회복이 필요하다면서 잠깐 파묻혀 있기도 한다. 몇 달째 인기 만점 공간이다.

사회정서학습을 하면서 부모님과 상담을 하면 아이들이 올해 들어 감기도 덜 걸리고 건강해졌다는 말씀을 듣는다. 교사가 건강까지 돌보는 것은 아닌데도 그렇다. 물론 아이들이 점점 크면서 면역력이 생겨 더 건강해진 것일 수도 있다. 그런데 여러 부모님이 같은 말씀을 해 주어서 왜 그럴까 생각해 보니 출석부가 깔끔해지는 것과 관계있지 않을까 싶다. 학급에서 선생님, 친구들과 좋은 추억을 쌓고 우정을 나누는 것, 아이들이 학급을 안전한 공간으로 생각하고, 바깥 놀이를 많이 하는 것이 건강해진 이유 아닐까?

사회정서학습으로 나타난 변화 4
교사: 가르칠 용기가 생긴다
학생: 자신을 소중히 여기게 되고 외롭지 않다

사회정서학습을 하면서 무엇이든 자신 있게, 용기 있게 말하게 되었다. 혼내는 것이 아니라서 아이들도 잘 받아들였다. 또 아이들이 자기 자신을 소중히 여기고 외로워하지 않는 효과도 얻었다.

초임 교사 때는 귀에 귀지가 가득 있는 아이에게 무슨 말을 해야 할지 난감하기만 했다. 한편으로는 말할 용기가 없었다. 속으로는 좀 지저분하다고 생각하면서도 내가 말하면 민망할 수 있겠다는 생각에 차마 입 밖으로 꺼내지 못했다. 지금은 그 아이에게 직접 말하지는 않지만 학급 전체에 미리 이야기하게 되었다. 이런 용기는 명시적인 일상생활 교육의 힘이라고 할 수 있다. 힘든 주제일수록 학년 초에, 계절이 바뀔 때, 주말이 다가올 때에 자주 하는 편이다. 이제는 별별 이야기를 다 해 줄 수 있게 되었다. 친구들에게 비호감 요소가 될 수도 있는 점도 이야기한다. 학급에서 외로움을 호소하는 친구들 중 일부는 비호감 요소를 가지고 있는데, 그 부분을 개선할 수 있다. 그래서 이런 이야기는 사건이 발생하기 전에 예방적으로 하는 것이 더욱 좋다.

처음 말을 꺼낼 때는, 선생님이 지난 20여 년을 돌아보면 친구들이 자기랑 안 놀아 준다는 학생이 있었는데, 그런 친구에게 차마 못 해 준 이야기가 있었다면서 운을 떼운다. 놀림에 대처하는 법을 짝을 지어 연습시키기도 한다. 비호감 요소가 있다고 해서 놀려도 되는 것은 아니라는 것부터 알려 주고, 그 이후에 비호감 요소에 대해 교육한다. 내용은 옷이 깔끔한지, 밥을 먹고 입이나 옷에 묻은 것은 없는지 살펴보기부터 냄새나는 것, 머리가 떡 진 것 등을 살펴보기까지 다양하다. 거의 1년 내내 했다. 심지어 샤워하는 법, 머리 감는 법, 코 푸는 법, 코딱지 정리하는 법, 입술 틀 때 대처하는 법, 손톱 깎는 법, 생리대 정리하는 법, 생식기 닦는 법까지 이야기하게 되었다.

아이들 말로는 다 처음 들어 본다고 했다. 부모님과도 이런 이야기를 나누지 않는다고 한다. 부모님들은 요즘 아이들은 뭐든지 다 빠르고, 유튜브로 다 알고 있다고 생각해서 그런 것일까? 성과 관계된 이야기는 터부시하는 문화도 여전히 남아 있는 것 같다. 또 부모님이 그런 얘기를 꺼내려고 해도 사춘기가 시작된 아이들이 가만있지 않았을 것이다.

 한번은 아이들이 한 친구를 비듬으로 놀렸다. 그 아이에게는 비듬 외에도 아이들 사이에서 어려움을 겪게 만드는 문제가 많았는데, 또 다른 비호감 요소는 입냄새였다. 예전 같으면 나도 쉬쉬하면서 최대한 아이를 보호하려고 했을 텐데, 사회정서학습을 통해 일상생활 교육을 늘 하고 있기에 쉽게 접근할 수 있었다. 이런 주제를 차라리 모두의 고민으로 삼았을 때 아이들끼리 공격의 소재로 삼지 않게 되는 것을 보았다. 이는 일종의 매너 교육이기도 해서 이런 매너 좋은 사람과 사귀라며 이성 교제 이야기까지 했다.

 그러다 보면 거의 매일의 일상이 소재가 된다. 밥 먹다가 친구 이에 고춧가루가 끼었을 때 말하는 법, 심지어 화장실에서 앞 사람이 대변을 본 것 같을 때 필요한 표정과 말투도 같이 이야기를 나눠 보았다. 그럴 때 아이들 반응은? 한창 졸린 시간인데도 정말 초롱초롱한 눈빛과 높은 집중력을 보인다. 안 하던 질문도 폭발한다. 누구하고도 해 보지 못한 이야기란다.

 교사의 사회적 기술을 그대로 배우게 되므로 아이들도 상대가 불편하지 않게 모른 척하거나 제대로 알려 주는 것 중에서 선택할 수 있게 되었다. 이런 교육을 하고 나면 교사 입장에서 말을 덜 하게 되는 효과가 있다. 비언어적인 메시지나 무안을 주는 말 이외의 방법이 더 힘이 있다는 것을 교사도, 아이들도 경험하게 된다.

코로나19 시기에 1학년을 시작한 어린이들의 주된 문제 행동 중 하나가 앞에서 말하는 사람이 있어도 동시에 자기가 하고 싶은 말을 하는 것이었다. 저학년 때 음소거 상태로 온라인 화상 수업을 하거나, 학교에 와서도 마스크를 쓴 채 가림막이 있는 환경에서 상호작용하지 못하고 아무 때나 말하던 습관이 그대로 굳어 영향을 미친 것이다. 선생님이 말하기 시작하면 아이들도 동시에 말하니 수업이 안 된다. 그런 친구들에게는 보상도 소용없고 필요하지도 않았다. 그래서 다른 학년과 함께 공연을 보면 늘 긴장되었다. 배우가 대사를 할 때 동시에 말을 해서 항상 민폐였기 때문이다. 공연 중에 아이를 뒤로 불러낼 수도 없고, 그런 아이가 한두 명도 아니어서 여간 곤혹스럽지가 않았다.

이 행동은 사회정서학습 역량 중 '관계 기술'이 부족하다는 점에 착안해서 새롭게 대처를 해 보았다. 강당에 가기 전에 종이에 '배우와 동시에 말하지 마세요.'라고 쓴 뒤 프린트해서 들어갔다. 그리고 공연 중 불필요한 대화를 계속하는 아이에게 이 종이를 조용히 들어 보여 주었다. 아이들은 혼나는 것이 아니니 존중받는 느낌을 받았고 메시지는 더 잘 전달되었다.

나와 만났던 2년 동안 우리 학년 아이들은 모둠 활동, 체험 학습, 운동회 등 모든 경험이 처음이라고 했다. 집에서도 마찬가지였다. 나중에 물어보니 코로나19 시기에 초등학생이 되어 가족과 함께 극장이나 뮤지컬 등 공연장에 가 본 적도 없다고 했다. 코로나 19가 참 많은 경험을 가로막았다는 것을 알 수 있었다. 그에 대한 보상으로 학교에서 아이들에게 충분한 경험과 좋은 추억을 주고 싶었고, 자기 자신을 가꾸고 소중히 여기는 마음을 길러 주고자 했다.

사회정서학습을 통해 얻은 아이들의 변화가 겉으로 드러난 것은 미미하여 나와 아이들만 아는 정도라고 생각했는데, 그렇지 않았다. 다른 선생님들도 여러 방식으로 그런 변화를 느꼈다. 표정이 달라졌다, 그 아이 안색이 달라졌다, 저기 무대에 서 있는 아이가 설마 그때 그 아이냐 하면서 알은체를 했다. 함께 고생했던 상담 선생님은 무대 위에 있는 아이의 변화된 표정만으로도 감동해서 울었다고 했다.

사회정서학습으로 나타난 변화 5
공부 잘하는 건 덤

선배 교사들은 종종 '공부 잘하는 아이가 다른 것도 다 잘하더라.' 라는 이야기를 한다. 나도 교직 경력 20년이 넘으니 그와 비슷한 생각이 들 때가 있다. 배려를 잘하고 인성 좋은 아이가 공부도 잘하는 경우가 많다. 사회정서학습의 문을 열기 전에도 대인 관계나 학급 문화가 성적과 연결된다는 것을 짐작은 했지만 어디까지나 개인적 경험 수준에 머물러 있었다. 그런데 사회정서학습은 증거 기반 학문이어서 이 주제를 연구해 명확한 사례와 결과를 수치화해 보여 준다. 제임스 커머 박사의 말처럼 "의미 있는 관계를 맺어야 의미 있는 학습이 일어난다."[2]라는 것을 데이터로 제시하고 있었다.

그럼 앞서 이야기한 명시적 사회정서학습과 지지적 교실 환경 중 무엇이 우선이어야 할까? 두 개의 기둥이라 하나도 놓쳐서는 안 되지만 돌계단처럼 쌓이는 것이라면 지지적 교실 환경이 먼저라고 생각한다. 따스한 교실, 받아들여지는 분위기, 안전한 관계가 먼저다. 그 이후 명시적 사회정서학습을 적용해야 한다. 명시적 사회정서학습은 학생들에게 진정한 배움이 일어나게 하는 데 도움이 되었다. 사회정서학습에서는 직접 가르치고 꾸준히 실천하며 주기적으로 성찰하는 것이 중요하다. 피상적인 것들을 당위적으로 가르치고 끝내면 사회정서학습이라 할 수 없다.

사회정서학습의 주제나 내용을 보면 대화 예절, 공동체 문제 해결 등이기에 교과서에서 이미 가르친 것이라는 착각이 들기 쉽다. 나 역시 사회정서학습을 알기 전에도 그런 부분을 제시된 활동대로 차례로 멋지게, 예쁘게 가르쳤다. 그런데 그렇게 가르치면 아이들이 실생활에서는 실천하지 않으면서 평가를 위해 정답을 적는 것에만 익숙해진다는 것을 알게 되었다. 도덕 수행평가는 잘 보는데 전혀 도덕적으로 행동하지 않는 아이를 떠올려 보면 쉽다. 책을 보면서는 거짓말에 대해 토론하고 거짓말을 하지 않겠다고 다짐해 보지만 그것이 실생활에서 거짓말을 하지 않는 것과 얼마나 관계가 있을까? 일주일 동안 정직한 생활을 실천하며 동그라미를 치는 것으로 수행평가를 하지만 이런 활동이 아이의 변화에 얼마나 기여할지 생각해 보면 '하는 시늉'을 시킨다는 표현이 더 어울릴 수도 있다.

여전히 어려운 아이들은 있다. 아예 공부의 장에 진입하지도 못한 친구들은 생활교육이 중점이 된다. 요즘은 공부를 잘해도 운동화 끈이나 봉지를 못 묶거나 자기가 흘린 물을 어떻게 치워야 하는지 모르는 아이가 많다. 그래서 사회정서학습은 특정 학생을 위한 교육은 아니다. 결국 일상생활 기술이 부족한 아이들에게 '6학년이 그런 것도 못 하냐'고 말한다고 해결되는 것이 아니기 때문이다. '그런 것'을 아직 모르는구나 알아차리고 채워 가는 교육이 필요하다. 모든 것을 선생님 혼자서 하는 것이 아니라 아이들과 함께 최대한 서로 도우면서 즐겁게 할 수 있다는 것이 장점이다.

사회정서학습을 꾸준히 실천한 뒤 연말에, 아이들의 공부 결과가 부쩍 좋아졌다는 것을 알게 되었다. 그래서 어떻게 이렇게 잘 했는지 물어보니 아이들은 역시 대답을 못 했다. 가만히 생각해 보니 2년에 걸쳐 사회정서학습에서 배운 것을 몸에 차곡차곡 저장했다가 공부 시간에 잘 꺼낸 덕분이다. 그 시간이 쌓여서 모둠 활동을 할 때 방해 요소도 잘 넘기고, 도움도 잘 요청하고, 화제도 잘 전환하고, 거절도 할 줄 알게 되니 자연스레 공부 시간에 더 활발해진다. 그러면 교사도 교과 교육 시간에 힘이 덜 든다. 전담 선생님도 우리 반이 잘한다고 말해 주어 무척 기뻤다. 용기가 생겨서 주변 선생님들과 함께 학년 전체에서 사회정서학습을 실시하니 더욱 효과가 좋았다.

6장

교실에서 사회정서학습을 실천하려면

—이종필

사회정서학습의 5가지 역량을 어떻게 학교에서 체계적으로 가르칠 수 있을까? 그 전에 먼저 고민해야 할 것은 사회정서학습을 학생들에게 체계적으로 가르쳐야 하는 이유는 무엇인가, 그리고 사회정서학습을 통해 학생들이 무엇을 알게 되고 어떻게 성장하기를 바라는가이다. 이에 대한 고민 없이 관련 프로그램만 몇 차시 시행하는 것만으로는 성과를 기대하기 어렵다.

교육부에서 제시한 사회 정서 교육

교육부에서는 2024년에 '한국형 사회 정서 교육 프로그램 총론'을 발표하고 초등 저학년, 초등 고학년, 중학교, 고등학교의 네 단계로 나누어서 사회정서학습 자료를 6차시씩 개발하여 일선 학교에 배포했다. 이 자료에서는 사회 정서 교육의 영역을 자기, 관계, 공동체, 마음 건강의 4가지 영역으로 제시하고, 핵심 역량 6가지를 다음과 같이 제시했다.

한국형 사회 정서 교육의 4가지 영역, 6가지 핵심 역량 및 구성 요인[1]

영역	핵심 역량	구성 요인
자기	자기 인식	자신의 생각, 감정, 행동의 인식과 이해, 스트레스 인식, 강점과 약점 인식, 자기 효능감 등
	자기 관리	마음 챙김 훈련, 부정적 생각과 감정에 대처하기, 스트레스 조절하기, 자기 조절력 향상, 개인적 목표/과제 설정 및 추진 등
관계	관계 인식	타인의 생각, 감정, 행동의 존중, 공감하기, 다양성 수용 등
	관계 관리	자기주장 및 의사소통의 기술, 대인 관계 기술, 갈등 해결 등
공동체	공동체 가치의 인식 및 관리	사회적 측면에서의 자기 성찰, 소속감, 책임감, 주도성, 규칙 준수, 정당하지 않은 압력에 대응하기(방관자가 되지 않기), 문제 확인 및 해결 등
마음 건강	정신 건강 인식 및 관리	정신 건강 이해와 관리, 정신 질환 이해와 대처, 정신 질환을 대하는 적절한 태도(낙인 감소), 자해 및 자살 예방, 정신 건강 관련 지원 및 도움 요청 등

교육부의 「한국형 사회정서학습 프로그램 총론」에서 제시하는 구성 체계는 아래와 같다.

가. 사회 정서 교육은 초등학교 저학년(1~2학년), 초등학교 중·고학년(3~6학년), 중학교(1~3학년) 고등학교(1~3학년) 학생을 대상으로 개발했다.

나. 모든 교사가 교과 수업 및 창의적체험활동 등 학교 교육과정과 연계하여 자율적으로 교육할 수 있도록 구성했다.

다. 프로그램은 학교 급별로 각각 6차시로 구성하고, 각 차시별 사회 정서 교육 영역, 사회 정서 핵심 역량, 하위 요소, 성취 기준, 학습 목표와 학습 활동 등을 제시하여, 학생의 발달단계에 따라 체계적으로 학습할 수 있도록 위계를 설정했다.

라. 1차시에서 마음 건강과 사회 정서 교육에 대한 전반적 안내 후 '자기-타인-공동체'의 인식 확장 개념을 바탕으로 2차시부터 6차시까지 6가지 핵심 역량을 학습하도록 구성했다.

마. 1차시와 6차시 사회 정서의 '마음 건강' 영역은 같은 의미인 '정신 건강'과 병용할 수 있도록 했다. 초등학교 저학년은 발달 수준을 고려하여 추상적 용어 사용을 지양했고 아

동에게 친숙한 '마음 건강' 용어를 제시했다.

바. '짧은 시간을 활용한 교육'과 '선택 활동'을 제시하여 차시별 주요 핵심 내용을 교육과정 운영 여건에 따라 효율적이고 융통성 있게 전달할 수 있도록 구성했다.[2]

한국형 사회 정서 교육 프로그램 개관

차시	사회 정서 교육 영역	핵심 역량	학습 목표	교육 내용
1	마음 건강	사회 정서 역량의 이해	한국형 사회 정서 역량의 의미를 알고 설명할 수 있다.	- 한국형 사회정서 역량 이해 - 6차시 교육 소개
2	자기	자기 인식	감정을 중심으로 자신의 신체 및 행동 반응을 알고 자기 인식 수준을 높이려는 태도를 가진다.	- 감정과 신체, 행동 반응과의 연결성 인식 - 자신의 고유성에 대한 이해
3	자기	자기 조절	일상 속 다양한 장면에서 효과적으로 자기 조절을 할 수 있다.	- 감정에 대한 조절 기술 - 복합적이고 강렬한 감정 및 스트레스 대처 기술
4	대인 관계	관계 인식과 관계 관리	대인 관계에 필요한 소통 및 대처 기술을 습득한다.	- 자기주장 및 의사소통 기술 - 긍정적인 대인 관계 기술
5	공동체	공동체 가치의 인식 및 관리	나와 이웃의 소중함을 이해하고 공동체의 소중한 가치를 지키기 위한 역량을 함양한다.	- 소속감, 자긍심, 공동체 가치 - 규칙 준수, 공정함, 책임감, 협력하기, 공동체 문제 해결 및 기여
6	마음 건강	정신 건강 인식 및 관리	정신 건강 문제가 있을 때 도움을 요청하는 방법을 알 수 있다.	- 정신 건강 문제의 이해와 대처 - 도움 요청하기

그런데 이렇게 운영한다고 사회 정서 역량이 길러질까? 초등학교 1학년부터 고등학교 3학년까지 12년 동안 24차시 수업을 한 것으로 사회정서학습을 했다고 말할 수 있을까? 사회정서학습이 요식행위로 그치지 않게 하려면 어디에서부터 시작해야 할까? 미국, 영국이나 덴마크의 사례, 성장학교 별의 사례에서도 알 수 있듯 사회 정서 역량을 키우는 데 있어 가장 중요한 점은 발달단계에 맞추어 장기적, 지속적, 계획적으로 교육을 진행하는 것이다.

일례로 미국에서 개발된 PATHS 프로그램을 살펴보면 하나의 영역을 세세하게 나누어 제시하고 있음을 알 수 있다. 다음은 1학년 학생에게 적용하는 PATHS 프로그램의 목차를 표로 정리한 것이다.[3]

유닛 1. 긍정적인 교실 환경 조성 및 자존감 향상	도입부 수업 1: 교실 규칙-오터 선생님(Mrs. Otter)의 반 수업 2: PATHS 준비 수업-동물 맞히기 게임 수업 3: 오늘의 PATHS 친구-칭찬하기 수업 4: 칭찬 주고받기 연습
유닛 2. 책임감 증진 및 집단 응집력 향상	도입부 수업 5: 훌륭한 팀워크(2-1) 수업 6: 다른 사람의 말 경청하기(2-17) 수업 7: 나누기(2-29) 수업 8: 공정한 놀이 규칙(2-39)

유닛 3. 자기 조절, 분노 조절 및 어려움 표현 능력 향상 (초급 수준)	도입부 수업 9: 거북이 이야기와 역할극 (3-1) 수업 10: 거북이 반응의 적절한 사용 (3-19) 수업 11: 진정하기 위한 세 단계 복습 및 연습 (3-35) 수업 12: 부적절한 거북이 반응 (선택 수업) (3-41) 수업 13: 적절한 거북이 vs. 부적절한 거북이 (선택 수업)
유닛 4. 기본 감정 소개	도입부 수업 14: 감정 소개 수업 15: 행복, 슬픔, 사적인 감정 수업 16: 괜찮음, 신남, 피곤함 수업 17: 무서움 또는 두려움, 안전함 보충 활동: 유닛 4 보충 활동
유닛 5. 감정, 행동 및 자기 조절	도입부 수업 18: 화남 또는 분노 I 수업 19: 화남 또는 분노 II: 감정 vs. 행동 수업 20: 차분함 또는 편안함, 걱정 수업 21: 감정 나누기-일반 활동
유닛 6. 자기 조절 및 기본 문제 해결 능력 향상	도입부 수업 22: 자기 조절 I: 진정하기 위한 세 단계 복습 수업 23: 자기 조절 II: 빨간불 (조절 신호 포스터) 수업 24: 자기 조절 III: 노란불과 초록불 (조절 신호 포스터) 수업 25: 문제 해결 모임 I 수업 26: 문제 해결 모임 II
유닛 7. 예절: 특별한 배려의 한 형태	도입부 수업 27: 실수와 고의 수업 28: 예절 소개-왜 중요할까? 수업 29: 맨디와 그녀의 예절 수업 30: 예절 역할극
유닛 8. 감정과 기대	도입부 수업 31: 놀람, 기대 수업 32: 혼란스러움, 확신

	수업 33: 당황함 수업 34: 호기심 또는 흥미, 지루함 수업 35: 좌절 수업 36: 실망, 희망 수업 37: 좌절과 실망 다루기 수업 38: 감정 복습-감정 추측하기	
유닛 9. 우정: 다른 사람들과 잘 지내기	도입부 수업 39: 친구란 무엇일까? 수업 40: 힙합이의 새 친구 수업 41: 외로움 수업 42: 친구 사귀기 수업 43: 수줍음 수업 44: 우정 회복하기	
유닛 10. 복합 감정	도입부 수업 45: 좋아함/사랑, 싫어함/미움, 혐오감 수업 46: 질투, 만족 또는 흡족함 수업 47: 자랑스러움, 부끄러움 수업 48: 죄책감 수업 49: 악의적임, 친절함 수업 50: 감정의 사생활과 감정 나누기	
유닛 11. 마무리, 전환, 다음 단계로 나아가기	도입부 수업 51: 반응과 복습 수업 52: PATHS 파티 계획하기	
선택 수업	감정 복습 수업 1: 감정 카드 게임 수업 2: 이 감정은 뭘까? 수업 3: 감정 순서 연결하기 수업 4: 음악으로 감정 표현하기 수업 5: 언어 예술 활동	교실에서 흔한 문제 상황 수업 6: 줄 서기 수업 7: 할 게 없을 때(외롭고 지루할 때) 수업 8: 고자질 I 수업 9: 고자질 II 방학 후 복습 아이디어 수업 10: 방학 후 복습 I 수업 11: 방학 후 복습 II

표에서 보듯, 총 열한 개의 유닛을 흐름에 맞게 배열하고 세부 역량을 키우는 활동들을 흐름에 맞게 4차시 이상씩 제시하고 있다. 수학에서 덧셈과 뺄셈의 개념을 익히기 위해 가르기와 모으기를 하고, 실물을 통해 익히고, 그림을 통해 익히는 등 10 이하의 덧셈 뺄셈에만 초등학교 1학년 1학기 수학 시간에 14차시를 할애하고[4] 그것으로도 부족하면 보충수업을 하듯, 사회 정서 역량을 키울 때도 세부 역량들을 충분히 익힐 수 있는 기회와 시간이 주어져야 한다.

우리나라 교육부에서 각 학교로 보급한 초등 저학년(1~2학년) 자료를 보면 다음과 같다.[5]

차시	영역	수업 주제	세부 내용
1	마음 건강	마음 건강! 마음먹기!	1. 마음 건강 알기 2. 마음 식단으로 마음 건강 연습하기 3. 마음 건강을 위한 마음먹기 적용하기
2	자기	내 감정을 알아차릴 수 있어요!	1. 신체 반응과 감정 이해하기 2. 반응을 보고 감정 찾기 연습하기 3. 자신의 감정 알아차리기
3	자기	이럴 땐, 이렇게 해 볼까?	1. 감정에 대한 다양한 반응 이해하기 2. 새로운 반응 시도하기 3. 지혜롭게 생각하고 실천하기

4	대인관계	친구의 마음을 알아봐요	1. 경청의 중요성 이해하기 2. 다른 사람의 마음 파악하기 3. 다른 사람의 마음 공감하기
5	공동체	어울리며 함께하는 우리	1. 함께 어울릴 때 좋은 점 이해하기 2. 함께 어울려 놀이하기 3. 다 같이 잘 지내기 위한 약속하기
6	마음건강	내 마음을 소중히 돌봐요!	1. 나의 마음을 스스로 돌보는 방법 알기 2. 도움을 요청하는 말 연습하기 3. 도움을 요청하는 말 실천하기

이를 PATHS 프로그램과 비교해 보면 간극이 크다는 것을 한눈에 알 수 있다. 지금이라도 사회정서학습에 교육부가 관심을 갖는 것은 고무적이나, 형식적인 도입으로 오히려 사회정서학습의 개념을 축소시키는 것은 아닌지 염려된다.

우리 교실에서 효과적으로 운영하려면

우리나라는 사회정서학습을 강조하는 외국과 달리 별도의 운영 시간이 주어지지 않은 상황인데, 어떻게 효과적으로 운영할 수 있을까? 교육과정과 연계해 전 교과에 걸쳐 사회정서학습 요소를 반영하여 수업을 진행하면 가장 좋겠지만 모든 학교에서 그렇게 실행하기는 어렵다. 교육과정을 재구성해 모든 학년에서 자기 인식 활동부터 시작해 점차 타인과의 관계, 협력, 문제 해결로 확장해 나가는 방식으로 구성하려면 상당한 노력이 필요하다. 도입 단계에서 장벽이 너무 높으면 수업 실행이 아니라 문서 중심으로 운영되기 쉽다.

현 시점에서 최소한의 원칙을 준수하면서 사회정서학습을 체계적, 지속적, 명시적으로 적용하는 방법으로, 초등학교의 경우 창의적체험활동 시간을 활용하는 것이 있다. 이 시간을 이용하면 '명시적'인 교육 활동을 자연스럽게 진행할 수 있고, 학년별 발달단계를 고려한 프로그램을 구성하는 것도 가능하다. 교과 시간에 교과 성취 수준과 통합해서 할 경우에는 교과의 목표와 사회정서학습의 목표가 각각 제시되어야 하는 경우가 있을 수 있지만, 사회정서학습을 별도 커리큘럼으로 운영한다면 사회정서학습의 큰 틀 안에서, 각 학교와 학급 구성원의 특성을 반영해 프로그램을 운영할 수 있다.

예컨대 다문화 학생의 비중이 큰 지역의 학교에서는 자기 인식 역량 중 개인적·문화적·언어적 특성을 인지하고 정체성을 통합하는 활동, 다양한 문화와 생활 방식을 수용하는 내용을 넣어 프로그램을 구성할 수 있다. 특수교육을 받는 학생이 많은 학년은 자기 인식 역량의 하위 기술 중 다양한 감정 표현법을 익히거나 편견과 편향성을 살펴보는 활동을 학년의 발달단계에 맞게 구성할 수 있다. 조손 가정에서 자라는 학생이 많은 경우 그 이슈나 지역 특성을 반영한 수업 구성도 가능하다. 학교와 학생의 상황을 반영한 프로그램을 운영할 때 학생들의 일상생활을 변화시키는 진정한 사회정서학습이 이루어질 것이다.

창의적체험활동 시간을 활용하면 발달단계에 따른 프로그램 구성의 차별화도 손쉽게 할 수 있다. 예를 들어 1~2학년 단계에서는 자기 인식, 자기 관리, 관계 기술에 중심을 두고 운영하고, 3~4학년 단계에서는 자기 관리, 사회적 인식, 관계 기술을 중심으로 프로그램을 구성하며, 5~6학년에서는 사회적 인식, 관계 기술, 책임 있는 의사 결정에 좀 더 중심을 두어 운영하는 것이다. 같은 역량도 학년이 올라감에 따라 활동에 차이를 둘 수 있는데, 저학년은 다양한 감정에 대해 알아보도록 하고 고학년은 감정을 조절하고 잘 표현하는 활동 등으로 구성할 수 있다. 수업 방식도 저학년은 활동 중심으로, 고학년은 토의 및 토론, 역할극 등을 중심으로 구성해 볼 수 있다.

통합 학급에서 사회정서학습 운영하기

나는 초등학교에서 특수학급 교사로 근무하면서 통합 학급 아이들에게 필요한 역량이 무엇일지, 통합 교육 환경이 이를 경험한 모든 학생에게 성장의 발판이 되려면 무엇부터 시작해야 할지, 어떻게 하면 통합 학급에서 아이들이 서로를 존중하고 생활할 수 있을지 고민하다가 사회정서학습에 관심을 갖게 되었다. 통합 학급 아이들을 관찰하면서 자기 자신에 대해 수용도가 높은 아이들이 타인에게도 관대하며 친구에 대해 알아 가는 것을 즐거워한다는 것을 알게 되었다. 타인에 대한 이해가 높을수록 갈등 상황을 지혜롭게 해결하고 보다 나은 방안을 찾아가는 모습도 보았다. 긍정적으로 관계 맺는 경험이 쌓일수록 일상에서 자연스러운 교류가 늘어나고 서로를 배려하고 존중하는 모습이 증가했다.

이 경험을 바탕으로 지난 10여 년 동안(코로나19로 학생들이 학교에 나오지 못한 시기 제외) 사회정서학습을 기반으로 창의적체험활동 시간을 활용하여 통합 학급 학생들과 10~16차시 수업을 진행했다. 사회정서학습의 5가지 역량 중 학년에 따라 핵심 역량 3~5가지를 담은 프로그램을 구성한 뒤, 학생들의 발달 수준과 특성을 반영하여 중심 주제를 잡아 운영했다. 그중 주요 활동을 중심으로 예시를 들면 다음과 같다.

학년	대주제	활동 예시
1학년 (2016년) (2021년) (2023년)	우리는 모두 소중한 존재	- 영화 〈니모를 찾아서〉 속 한 장면을 보면서 내가 태어나기까지 부모님이 얼마나 많은 걱정과 기대를 품었을지 생각해 보기 - 『열두 달 나무 아이』 그림책을 읽고 1년 동안 실천하고 싶은 마음의 씨앗 심어 보기 - 『세상에 필요한 건 너의 모습 그대로』 그림책 읽고 나의 소망을 담은 기구 만들기 - 『세상에서 하나뿐인 특별한 나』 그림책 읽고 나의 특별한 점 발표하기
2학년 (2024년)	다양함으로 빛나는 교실	- 『나는요』 그림책 읽고 다양한 나의 모습 생각해 보기 - 내 안엔 다양한 감정이 있어요 - 다양한 의사소통 방법 - 자연은 다양해요 - 우리 주변에 다양해서 좋은 것들 찾아보기 - 다양한 재료로 나만의 아이스크림 만들기 - 『티나의 양말』 그림책 읽고 나만의 양말 디자인하기 - 다르고도 같은 우리: 친구와 나의 공통점과 차이점 찾기
3학년 (2025년)	다정한 뇌 만들기 프로젝트	- 우리 뇌는 변해요 - 나는 너의 거울 - 다정함이란? ㄱㄴㄷ - 다정하게 인사하기 - 다정한 표정 익히기 - 다정한 몸짓 익히기 - 다정한 말 전달하기
4학년 (2017년) (2022년)	우정이 싹트는 교실	- 친구란? ㄱㄴㄷ - 친구를 관찰해요 - 친구를 소개합니다. - 친구의 장점 보물찾기 - 친구와 나의 공통점 찾기 - 긍정의 눈으로 바라보아요 - 협력 게임

5학년 (2018년)	서로 다른 우리 함께해요	- 감정 단어를 활용해 문장 채우기 - 같은 상황, 다른 감정 - 『소피가 화나면 정말 정말 화나면』을 읽고 나와 친구가 화 나는 상황 알아보기 - 분노의 온도계 - 나의 스트레스 지수는? - 나만의 화가 호로록 풀리는 방법은? - 나 전달법 - 차이와 차별
6학년 (2019년)	우리는 모두 연결되어 있어요	- ○○ 같은 친구가 되어 줄게 - 친구 백일장 - 내 친구를 소개합니다 - 관점 바꾸기 - 유니버설 디자인 - 모두를 위한 놀이터를 만들어요 - 배리어 프리가 뭐예요?

 사회정서학습을 창의적체험학습 시간에 운영하면 학년별 연계가 가능하여 초등 1학년부터 6학년에 걸쳐 체계적으로 사회 정서 역량을 배울 수 있는 이점이 있다. 창의적체험활동 시간을 통해 기본 골격을 잡고 필요에 따라 국어, 도덕, 사회, 체육 등 다른 교과의 목표와 연계하면 심화된 교육이 가능하다.

 예전에는 형제자매, 동네 아이들, 친척, 조부모 등 아이들이 일상생활 속에서 상호작용하는 사람의 수가 지금보다 훨씬 많고 다채로웠다. 하지만 이제는 시대가 바뀌어서 형제자매가 없는 경우도 많고 부모님들도 아이와 함께 오래 일상을 보내지 못하기도 한다. 아이들이 기관에서 보내는 시간이 증가하면서 일상적인 돌봄 시간이 점점 줄어들고 있다. 이는 아이들의 정신 건강에도 영향을 주어 참지 못하는 아이, 다른 사람의 입장에 공감하기 힘든 아이, 불안한 아이, 충동적인 아이가 증가하는 추세다. 2023년에 교육부에서 발표한 '2022 학생 건강 검사 및 청소년 건강 행태 조사' 결과에 따르면 조사 대상 청소년 중 우울감 경험률은 2022년 남학생 24.2퍼센트, 여학생 33.5퍼센트나 되었고 스트레스 인지율도 남 36.0퍼센트, 여 47퍼센트에 달했다. 외로움 경험률의 경우도 남 13.9퍼센트, 여 21.6퍼센트로 이전보다 증가했다. 중등도 이상의 범불안 장애 경험률도 남 9.7퍼센트, 여 15.9퍼센트에 이른다.[6]

또 과거보다 문화적 배경이 다양한 학생들이 더 많이 학교로 들어오고 있고 특수교육 대상 학생도 증가 추세에 있다. 디지털 기기와 인공지능이 일상생활 가까이 들어오면서 아이들은 사람과 상호작용하는 시간보다 기계와 보내는 시간이 더 늘어났다.

이제는 사회 정서 역량을 선택적으로 배우는 것이 아니라 누구나 체계적으로 배우고 경험해야 하는 시대가 되었다. 교실이 안정적으로 사회 정서를 학습하는 공간이 되려면 학생들에게 관계를 형성하고 감정을 공유할 기회를 제공하며, 긍정적인 상호 교류를 통해 사회정서학습을 실시할 수 있는 시간을 확보하고 실천해야 한다.

 아이들은 변한다. 반복적인 경험을 통해 변한다. 그 경험을 무엇으로 채워 가야 할지 고민해야 할 때이다.

7장

초등학교에서 사회정서학습을 해 보니

-김자현

2025년 올해로 사회정서학습 교실을 운영한 지 4년 차에 접어든다. 새 학교로 자리를 옮긴 2022년 2월, 발령장을 받고 인사 간 자리에서 교감 선생님이 하신 말씀이 여전히 귓가에 맴돈다.

"선생님, 우리 학교에는 정서적으로 어려운 학생이 많아요. 특히 4학년이 총 35명인데, 특수교육 대상 학생은 다섯 명이에요. 이 학년을 좀 맡아 주세요. 부탁합니다."

새 학교에서 5년을 살아 내려면 통합 학급 운영에 대해 진지한 자세로 깊이 있게 연구해야겠다고 생각했다. 이후 여러 문헌과 연구 보고서를 찾아보며 매일 고민했던 기억이 떠오른다.

당시 전근한 곳은 전교생 144명, 11개 학급의 서울 소재 소규모 학교로 학급당 평균 13명의 학생 속에 특수교육 대상 학생,[1]

ADHD 학생, 투렛 증후군 학생, 다문화 가정 학생, 기초학력 부진 학생 등 다양한 교육적 지원을 요구하는 아이가 여럿 있었다. 학교의 이런 특수한 상황은 장기화된 코로나19와 맞물려 학생들에게 심리적·정서적 어려움을 주었고, 관계의 결핍을 가져왔다. 코로나19 이후 몇 년이 흐른 지금 우리의 교실은 과연 안녕할까?

재난을 예측하기 힘든 미래에는 정서 위기 관심군 학생뿐 아니라 잠재적 정서 위기 학생이나 아직 심리적·정서적 어려움을 보이지 않는 학생들에게도 예방 차원의 선제적 지원이 필요하다.[2] 모든 학생이 자신과 타인의 감정·정서를 인식하고 관리하여 상황에 맞게 행동하는 사회 정서 역량을 기른다면 미래를 살아갈 힘을 지닌 건강한 사회 구성원으로 성장하지 않을까? 교사와 학교가 따뜻한 시선으로 다양한 배경을 가진 학생들의 가능성과 강점을 찾아 학생을 둘러싼 환경을 유기적, 통합적으로 조성하고, 사회 정서 역량을 키우는 프로그램을 학교 교육과정 속에서 지속적으로 운영하며, 개별 학생들의 필요와 요구를 집중 지원한다면 그 효과는 더욱 클 것이다.

이에 같은 학교에 함께 발령받은 신입 교사 네 명(3, 4, 5학년 일반 교사와 특수교사)과 함께 팀을 이루어 본격적으로 연구하기로 했다. 그렇게 내가 재직한 학교의 특수교육 대상 학생을 포함해 3, 4, 5학년 학생의 사회 정서 역량 수준을 진단·분석하고, 정서 위기 관심군 학생을 비롯하여 모든 학생을 위한 '개별 맞춤 3C 프로그램'을 구안·적용하여 5가지 사회 정서 역량을 함양한 '행복한 어울림 학급'을 만드는 것을 목적으로 연구를 시작했다. 이 연구의 과정과 결과를 소개한다.

개별 맞춤 3C 프로그램이란?

우리는 학생들의 사회 정서 역량 함양을 위해 자체적으로 '개별 맞춤 3C 프로그램'을 구안했다. 먼저 각 학생의 사회 정서 역량을 진단하고, 그에 맞추어 프로그램을 적용한 뒤 마지막으로 평가, 환류하는 일까지 진행했다. 프로그램은 Change(C1), Connect(C2), Collaboration(C3)로 구성했다. C1 프로그램으로 자기 인식 역량과 자기 관리 역량을, C2 프로그램으로 사회적 인식 역량과 관계 관리 역량을, C3 프로그램으로 책임 있는 의사 결정 역량을 키우고자 했다.

적용 대상에 따라 기본 프로그램과 심층 프로그램으로 구분해 운영했다. 기본 프로그램은 개별화 수업 전략을 활용하여 모든 학생을 대상으로 삼았고, 그중 사회 정서 역량 진단 결과 정서 위기 관심군으로 선별된 학생을 대상으로 맞춤형 일대일 핀셋 지원을 위한 심층 프로그램을 운영했다.

연구에 쓰인 개념을 명확히 하면 다음과 같다. '행복한 어울림 학급'이란 개성과 배경, 격차 등이 다양한 학생들이 자신과 타인의 감정을 존중하며 갈등을 협력적으로 해결해 나감으로써 서로 어울려 행복하게 생활하는 학급을 말한다. 또한 '사회 정서 역량'은 자신과 타인의 감정을 올바르게 인식하고 조절하여 타인과 원만한 관계를 형성하고 유지하며, 도덕적·사회적·개인적 책임감을 바탕으로 한 의사 결정을 통해 환경에 바람직하게 적응하는 능력을 말한다. 사회 정서 역량은 사회정서학습을 통해 길러질 수 있으며, 사회정서학습은 개인 삶의 문제를 해결하고 타인과 더불어 건강한 삶을 살아가는 데 초점을 두고 있다.

사회정서학습은 학교에서의 교과 수업으로 시작해 학생들에게 명시적으로 안내하고, 다양한 상황에서 연습할 기회를 제공한 후 실생활에 전이되도록 하는 것이 무엇보다 중요하다. 그래서 교실 수업에서 배운 것이 학급 운영으로 이어지고, 이것이 가정 및 지역사회와도 연계될 수 있도록 통합 지원책을 마련했다.

이 연구의 특이점은 개별 맞춤 교육에 있다. '개별화 교육'이란 효율적인 수업을 위해 교사가 학생들의 준비성, 관심사, 학습 특성과 필요 등의 차이를 예상하고 이에 부응하여 학습 내용·과정·결과·환경에 대한 다양한 접근을 사전에 계획하고 실천하는 것을 말한다.[3] 또 '맞춤형 교육'은 학업 성취 수준, 심리 특성, 가정 환경

등을 종합적으로 고려하여 가장 적합한 학습경험을 제공하는 다양한 방식의 교수 지원을 말한다.[4] 교사는 학급 학생들 각각을 살펴 학생들의 상황과 교육과정 문해력을 바탕으로 우리 학급에 더 효율적이고 효과적인 교육 방안을 고민해야 한다. 사회정서학습은 교육과정 재구성을 통해 순차적, 명시적, 활동적, 집중적으로 활동을 구성한 수업으로 접근할 때 가장 효과가 좋다.

우리는 기본 프로그램의 개별화 수업 전략과 심층 프로그램의 일대일 핀셋 지원 방향을 수립할 때 신경 다양성[5] 철학을 적용했다. 또 교사와 학부모 연수 주제로 신경 다양성 이론을 선정하여 개별 맞춤 3C 프로그램과 학급 운영에 대해 안내했다.

사전 설문을 해 보니

연구는 사전 설문으로 시작했다. 현재는 사회 정서 역량을 알아보기 위한 측정 도구가 많이 알려져 있지만, 당시에는 측정 도구 찾기가 쉽지 않았다. 그래서 백예은(2020)의 '사회 정서 역량 검사 척도'[6]를 연구 학년 학생들의 수준에 적합하도록 용어를 수정하고 일부 문항을 제외하여 검증 도구로 사용했다. 2022년 3월에 연구 팀 교사들의 학급 학생 43명(3, 4, 5학년 및 특수교육 대상 아동)을 대상으로 설문과 관찰, 면담을 병행해 검증했다. 주로 알아본 것은 자기 인식, 자기 관리, 사회적 인식, 관계 관리, 책임 있는 의사 결정 역량이었다. 특수교육 대상 학생들은 담임교사, 학부모, 특수 실무사의 의견을 수렴해 특수교사가 최종 설문에 응답했다.

설문을 통해 학생들의 사회 정서 역량을 좀 더 구체적으로 파악할 수 있었다. 설문 내용은 다음과 같다.

자기 인식	- 나는 평소에 내가 어떤 기분을 느끼는지 알고 있다. - 나는 내가 느끼는 기분에 이름을 붙일 수 있다. - 나는 내가 무엇을 할 때 기분이 좋은지, 좋지 않은지 알고 있다. - 나는 내가 무엇을 좋아하고 싫어하는지 알고 있다. - 나는 내가 소속된 곳이 어딘지 알고 있다.
자기 관리	- 나는 일이 잘 안 풀려도 실망하지 않으려고 노력한다. - 나는 내가 원하는 물건을 갖지 못하거나 하고 싶은 활동을 하지 못할 때에도 잘 참는다. - 나는 기분 나쁜 일이 생겨도 다른 일에 방해되지 않도록 잊으려고 노력한다. - 나는 우울할 때 즐거웠던 기억을 떠올려 보려고 노력한다. - 나는 꼭 해야 하는 일이라면 그 일에 관심을 가지려고 노력한다.
사회적 인식	- 나는 다른 사람의 말이나 표정, 행동으로 그들의 기분을 알아차릴 수 있다. - 나는 다른 사람이 표현하는 기분에 이름을 붙일 수 있다. - 나는 친구가 화를 내거나 슬퍼할 때 친구의 기분을 이해하려고 노력한다. - 나는 다른 사람의 생각이나 의견을 듣고 이해할 수 있다. - 나는 다른 사람이 이야기할 때 잘 듣는다.
관계 관리	- 나는 친구들을 배려한다. - 나는 친구를 칭찬할 줄 안다. - 나는 어른들의 격려나 칭찬에 감사를 표현한다. - 나는 상대방과 대화할 때 차례를 지키며 대화한다. - 나는 말을 할 때 상대방을 바라본다. - 나는 상대방이 내 의견을 받아들이지 않을 때 적절하게 반응할 수 있다.

책임 있는 의사 결정	- 나는 친구들 사이가 좋지 않을 때 잘 해결되도록 친구들을 도울 수 있다. - 나는 다른 사람이 도움을 필요로 하면 도와준다. - 나는 문제 상황이 생기면 가장 먼저 문제의 원인이 무엇인지 생각해 본다. - 나는 나와 다른 의견이나 생각을 가진 사람의 말을 귀 기울여 들으려고 노력한다. - 어려운 일을 해결할 때 주변 사람들의 이야기를 들으면 도움이 된다. - 나는 어떤 행동을 할 때 책임감 있게 하려고 노력한다.

 설문 결과, 다양한 시사점을 얻을 수 있었다. 먼저 자기 인식 역량의 경우 사회 정서 역량 중 가장 평균이 높았다. 대다수 학생이 자신을 바르게 인식하고 있었다. 다만 자신이 느끼는 기분에 이름 붙이는 것에 어려움을 느끼는 학생이 비교적 많았다. 이를 통해 내가 기분이 좋은 때 등을 파악하기 어려워하는 학생에게는 자신을 폭넓게 관찰할 기회를 줄 필요가 있다고 느꼈다. 또한 감정을 나타내는 다양한 단어를 익히는 활동을 통해 자신이 느끼는 감정을 명확히 하고 이를 표현하도록 유도하는 것이 필요해 보였다.
 자기 관리 역량은 사회 정서 역량 중 가장 낮은 성취를 보였다. 또 아이들은 충동을 억제하고 만족을 지연해야 하는 일에 관심을 가지려는 동기가 부족했다. 부정적인 감정을 느낄 때 생각을 멈추거나 긍정적인 감정을 떠올려 감정을 전환하는 등의 방식으로 스트레스를 적절히 관리하는 능력이 부족한 학생도 많았다. 이를 통해 다양한 경험을 토대로 어려움을 극복하고 성취감을 느낄 수 있

도록, 생활 속에서 지속적인 격려를 통해 스스로 동기부여를 할 수 있도록 도울 필요가 있다고 느꼈다. 또한 스트레스 관리가 어려운 학생들은 꾸준한 관찰 및 상담 등을 통해 지원하고, 여러 상황에서 자신의 감정을 적절히 조절하며 표현하는 연습을 할 필요가 있다고 보았다.

사회적 인식 역량을 보면 아이들은 전반적으로 타인의 감정을 이해하려고 노력하는 태도를 지니고 있었다. 다만 타인의 감정을 읽거나 표현하는 것을 어려워했으며, 다른 사람과 대화할 때 기본 예절이 다소 부족했다. 이에 타인을 이해하고 공감하려는 태도를 지속적으로 강화할 필요가 있다고 느꼈고, 상대방의 말을 경청하고 있음을 드러내고 공감을 표현하는 언어적, 비언어적 표현 등을 익혀 관계를 다지는 활동을 제공해야겠다고 생각했다. 또한 이것이 생활 속에서 습관화되도록 지원할 필요도 있다고 보았다.

관계 관리 역량은 전반적으로 긍정적인 응답이 많은 편이나 부정 응답을 한 학생이 일부 있었다. 자신의 의견이 받아들여지지 않을 때 적절하게 반응하는 것에 어려움을 느끼기도 했는데, 이것이 자칫 갈등으로 번질 수 있어 보였다. 이에 상대와 대화할 때 눈을 맞추거나 차례를 지키는 등 기본적인 대화 예절을 지킬 것을 꾸준히 강조해야 한다고 느꼈다. 또한 갈등 상황에서 바르게 의사소통할 수 있도록 하고, 다양한 협력 활동을 통해 어울림 학급으로서 팀워크를 다지는 프로그램이 필요하다고 보았다.

책임 있는 의사 결정 역량을 보면, 아이들은 문제 상황이 발생했을 때 타인을 돕고자 하는 마음은 있으나 친구와 관련된 문제에 나서는 것을 다소 주저했다. 문제를 해결하고자 다른 사람의 조언을 듣는 등 다양한 정보를 받아들이는 것에도 부정적인 편이었다. 이를 통해 어울림 학급의 의미를 강조하고, 자치활동 등을 통해 공동의 문제를 윤리적으로 해결해 나가는 일이 중요하다는 점을 파악했다. 또한 학교 및 지역사회의 문제에 관심을 가질 수 있도록 사고를 확장하고, 친구와 함께 협력적으로 문제를 해결하는 다양한 프로젝트 수업이 필요하다고 느꼈다.

우리는 이 진단을 통해 각 역량별 학급 평균에 개별 학생의 점수를 비추어 보아 집중 지원이 필요한 학생과 영역을 도출했다. 그리고 교사가 다양한 장면에서 학생들의 행동 및 태도를 면밀히 관찰하고 학부모 상담 등을 통해 사회적, 정서적, 학습적인 특성을 종합적으로 분석하여 개별 학생의 강점을 파악했다. 예컨대 한 학생의 경우 관찰해 보니 책가방 속에 책과 학습 물품이 가득 들어 있고, 때로는 가방 속 물건이 튀어나와 책상 주변에 떨어져 있었다. 수업 중 필요한 학습 물품을 찾으려면 사물함, 책상 속, 책가방을 한참 동안 뒤적여야 했다. 또 흥분하면 높고 큰 소리를 내는 행동 특성이 있었다. 이 학생의 장점으로는 배려심이 많고 주변에 대한 관심이 높다는 점을 찾아냈다. 또 학부모 상담을 통해 이혼으로 아버지가 혼자 양육하고 있어 아이를 세심히 챙기기 어려운 상황임을 파악할 수 있었다.

이후 이 학생의 강점을 활용한 교육 활동 지원 계획을 세웠다. 타인에게 관심을 보이는 특성을 활용해 특수교육 대상 아동의 또래 도우미 역할을 맡기고, 음악을 좋아하는 점을 활용해 가창 활동에서 리더 역할을 맡겨 효능감과 자신감을 높이고자 했다. 또 자기 관리 노트를 작성하고 시간 관리를 하는 부분에서 맞춤형 지원을 계획했다.

프로그램 실행에 앞서 교실 분위기 만들기

프로그램을 운영하기에 앞서 교실 문화를 조성하고 환경을 구축하는 것이 무엇보다 중요했다. 아이들이 자기 감정을 편안한 상태에서 살피고 표현할 수 있으려면, 학급 친구들의 감정을 세심히 알아볼 수 있으려면 학급 전반에 흐르는 정서와 문화가 따뜻하고 안전해야 한다. 이를 위해 교사는 서로의 다양한 감정을 수용하고 환대하는 문화를 형성하려고 노력해야 한다.

이에 연구 팀은 아침 루틴으로 학생들이 선생님, 친구들과 다양한 인사를 나누도록 했다. 등교하는 학생마다 지금 어떤 기분인지 감정 단어에 자신의 이름 자석을 붙이고 다른 친구들의 감정도 살피게 했다. 이때 소소한 대화를 나누면 동질감도 형성하지만, 부정적인 감정 상태인 친구를 보살피는 기회가 되기도 한다. 교사들은 질문을 건넴으로써 학생들에게 생각과 감정의 방향을 안내하기도 했다. 1교시를 시작하며 교사가 어제 하교 후 있었던 일을 묻거나, 아침에 오면서 본 것, 느낀 것, 먹은 것 등에 대해 소소하게 질문하면 교사와 학생, 학생과 학생 간에 서로 관심을 갖게 되어 더욱 끈끈한 관계를 형성할 수 있다.

평소에는 정기적으로 매주 금요일 중간 놀이 시간을 활용하여 '좋아바 회의'를 진행했다. '좋아바'는 '좋았던 점, 아쉬웠던 점, 바라는 점'의 앞 글자를 딴 말로, 이 회의를 할 때면 아이들은 회복적 생활교육의 서클 형태로 둥글게 둘러앉는다. 그렇게 동등하게 말할 기회를 얻은 뒤 일주일간의 학급 생활에 대해 성찰하고, 다음 주에 하고 싶은 활동, 친구들과 선생님에게 바라는 태도 등에 대해 허심탄회하게 이야기를 나눈다. 학급에 사안이 발생하면 문제 해결 서클이나 관계 회복 서클 등을 진행하여 학생들 스스로 마음을 터놓고 원했던 것을 말하며 진정성 있는 대화로 해결할 기회를 주었다.

수업에서 명시적으로 배운 사회 정서 기술은 학교와 가정의 일상생활 속에서 지속적으로 연습하고 적용해야 한다. 사회정서학습은 학생들이 일상에서 자연스럽게 여러 역량을 체득하는 것이 목표이기 때문이다. 그래서 연구 팀에서는 다음과 같은 활동을 꾸준히 활용했다.

① **C1. 개별 맞춤 자기 관리 시스템 구축**
 (매일 성장 노트, 자기 관리 노트 활용)

자신의 비전, 목표를 설정하고 매일의 감정이나 수행 정도를 확인하여 기록하고 성찰하며, 스스로 자기 관리 역량을 키울 수 있도록 했다. 이때 교실 가까이에서 학생의 일상 모습을 지켜본 친구들과 학부모, 교사가 긍정적인 피드백을 작성해 주면 긍정적으로 강화되어 학생이 성장 동력을 얻을 수 있다. 매일 성장 노트는 자체 제작했다.

② **C1. 감정 단어 상시 게시**

칠판 한쪽에 감정 단어를 게시해 두어, 등교하며 자신의 이름 자석을 오늘 느끼는 감정 이름에 부착하도록 했다. 이렇게 하면 다양한 감정 어휘를 익힐 수 있고, 자기 감정에 정확한 이름을 부여해 인식할 수 있다. 또한 이를 통해 친구들과 서로의 감정을 공유하고, 교사 역시 학생들의 감정 상태를 파악하며 하루를 시작할 수 있다. 특히 교사는 부정적 감정에 이름을 부착한 학생을 파악하여 학교생활을 더 섬세하게 도울 수 있다. 하교 시에는 달라진 감정을 표시하도록 하여 하루를 돌아보고, 부정적 감정을 안고 가정으로 돌아가지 않도록 교사가 살폈다. 또 가정과 연계하여 학생을 돌볼 수 있게 했다. 이 감정 단어는 국어, 도덕, 사회, 미술 등 여러 교과 수업과 학급 생활의 장면에서도 적극적으로 활용할 수 있다.

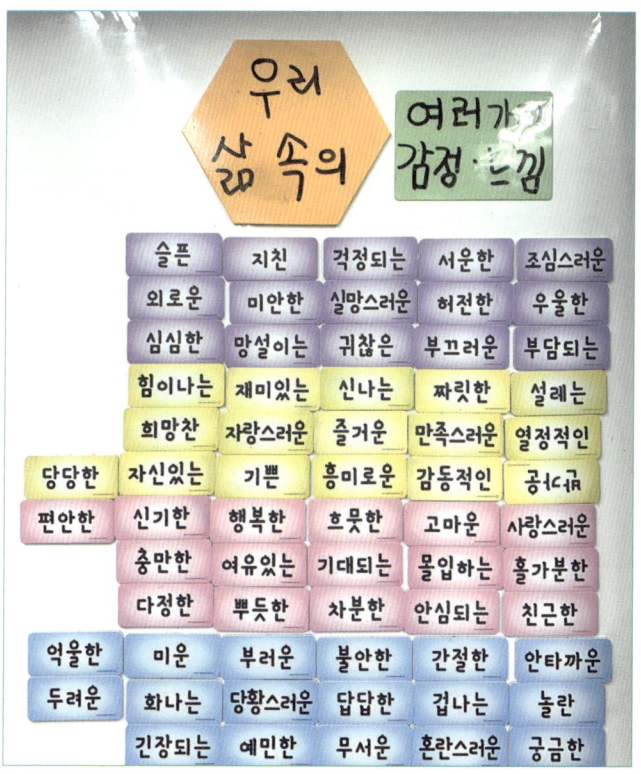

③ **C1. 미덕 보석 활동**

　월요일 아침 활동 시간마다 교사가 칠판에 이번 주에 익힐 미덕을 1가지 제시해 두었다. 학생들은 등교하여 미덕 보석 일기 공책에 이를 필사한 후, 해당 미덕과 관련해 일주일간 학교와 가정에서 실천할 것을 1가지 정한다. 1교시가 시작되면 학생들은 모두 칠판에 안내된 미덕을 함께 소리 내어 읽고, 자신이 정한 실천 내용을 학급 친구들에게 발표하여 공언한다. 칠판의 미덕 내용은 스탠드형 보드 판이나 간이 게시판에 옮겨 적어 복도나 교실 한쪽에 게시하도록 했다. 복도에 게시할 경우, 같은 층에 있는 다른 학급 학생들도 오가며 암묵적으로 미덕을 익히는 효과가 있다.

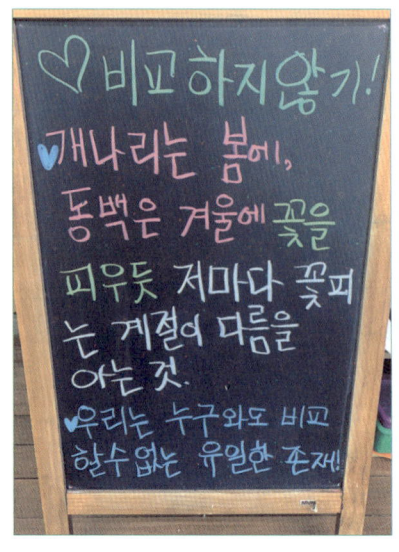

일주일간 미덕을 실천한 내용을 주말에 성찰하여 미덕 보석 성찰 일기를 작성하게 했다. 이때 작성 후, 학부모와 일기를 공유하는 시간을 가지고 긍정적인 피드백을 받도록 안내했다. 이는 학교에서의 교육 활동을 가정에 안내하는 효과는 물론, 교육 활동 내용이 가정에도 연계되도록 하여 학부모의 지도가 교사의 지도와 더불어 강화하는 효과도 있다. 미덕 보석 일기장을 다음 주 월요일에 제출하면 교사는 한 번 더 피드백을 주었다. 이렇게 부모와 교사의 긍정적 피드백을 통해 학생은 미덕을 내면화할 수 있다.

④ **C2. 감정 신호등 안내판**

5학년 프로그램으로 '화 다스리기' 수업을 진행할 때, '감정 신호등'을 통해 올라오는 화를 알아차리고 일단 멈춘 후 내가 무엇을 원하는지 생각하고 화를 표현하도록 순차적으로 안내했다. 그리고 수업 시간에 사용한 감정 신호등 같은 사회적 기술을 안내한 글을 교실 앞 게시판에 게시해 학생들이 언제든 볼 수 있도록 했다. 이렇게 명시적으로 안내하면 학생들이 해당 문제 상황에 당면했을 때, 수업에서 배운 사회적 기술을 활용함으로써 기술을 자연스럽게 습득하는 데 도움이 된다.

⑤ C2. 우리들의 힐링 휴식터

공간이 주는 힘은 생각보다 크다. 책상이 아닌 편안한 공간을 마련해 자신의 감정을 다스리거나 개인 일정을 교실의 색다른 공간에서 처리할 수 있도록 했다. 이 공간은 친구들과 더불어 소통·공감하는 관계 형성의 장으로도 쓰였다. 공간 확보가 가능하다면 교실 한쪽에 캠핑 의자와 테이블을 비치해 이런 공간을 만들거나 때로는 사물함의 위치를 옮겨 만들 수도 있다. 이때 책과 보드게임, 인형, 쿠션, 식물 등을 놓아 편안하고 따뜻한 느낌이 들도록 하면 좋다. 학생들은 교실 속 특별한 공간에 스스로 '우리들의 힐링 휴식터'라는 이름을 붙이고는 적극적으로 활용했다.

⑥ C2. 열린 어울림 교실(특수학급)

학생들이 서로 관계를 맺도록 하려면 만나서 활동할 기회를 다각도로 제공해야 한다. 보통 특수교육 대상 학생들은 통합 학급과 특수학급을 오가며 학교생활을 하지만, 일반 학생들은 특별한 기회가 없는 한 특수학급에 방문할 일이 극히 드물다. 특수교육 대상 아동들에게 관심을 갖고 긍정적으로 알아 갈 수 있도록 일반 학생들과 함께 특수학급을 방문했다. 일회성이 아닌 일주일에 두 번 정기적으로 중간 놀이 시간이나 특정 수업 시간을 통해 통합 학급 학생들이 특수학급 교실을 살펴보고, 특수교육 대상 학생들과 자연스러운 또래 관계를 형성할 기회를 준다면 모든 학생이 관계 관리 역량을 함양하는 데 도움이 될 것이다.

⑦ C3. 프로젝트 활동 알림판

사회정서학습 프로젝트의 진행 단계와 활동을 게시판에 안내해 학생들이 프로젝트의 흐름과 현재 단계를 인식하고, 다음 단계를 생각할 수 있도록 했다. 이는 학생들이 적극적으로 참여하게 하는 데도 도움이 된다.

⑧ C3. 맞춤형 장애 이해 수업(전교 11개 학급)

학교 사정에 따라 편차가 있겠지만 특수교사나 통합 학급 담임교사는 학급의 특수교육 대상 아동 유무에 따라 학급 차원의 맞춤형 장애 이해 교육이 필요하다. 연구를 진행한 학교는 11개의 소규모 학급이었기에 특수교사가 모든 학급에서 해당 학급의 특수교육 대상 아동의 증상과 관련한 맞춤형 장애 이해 교육을 실시했다. 이를 통해 통합 학급 학생들은 늘 만나는 특수교육 대상 학생에 대한 이해도가 높아졌고, 학교 전반에 다양성을 존중하는 분위기가 조성되어 학생들이 서로 관계를 형성하는 데 도움이 되었다.

기본 프로그램 적용하기

기본 프로그램은 모든 학생의 사회 정서 역량 함양을 위한 프로그램이다. 연구 팀에서는 '행복한 어울림 학급'을 만들고자 학년별로 교육과정을 재구성해 3C 프로그램을 개발했다. 교과 및 창의적체험활동을 분석해 사회 정서 역량의 하위 요소가 포함된 내용을 추출하여 1개 특수 학급과 3개 학년의 연간 지도 계획 총 263차시를 수립해 적용했다. 그중 우리 반 특수교육 대상 학생이 참여한 특수학급 프로그램과 우리 반 모든 학생이 참여한 4학년 통합 학급의 교육과정 재구성 프로그램을 소개하고자 한다.

연구 팀의 특수교사는 특수학급(어울림반) 4학년 다섯 명을 대상으로 프로그램을 운영했는데 3월에는 특수교육 대상 학생의 특성을 고려해 통합 학급에서 2~3주간 적응 기간을 보내도록 한 후, 구안한 프로그램을 운영했다. 4월부터 학생별 개별화 교육을 시작해, 학급별 시간표를 조정한 후 간헐적으로 프로그램을 실시했다. 5월 이후에는 프로그램의 효과성을 고려해 어울림 1, 2반 학생 5명을 함께 모아 프로그램을 운영했다.

특수교육 대상 학생은 학생마다 교육과정이 상이하기에 학생들이 다 함께 활동할 수 있는 통합 프로그램을 위해 주제를 먼저 선정했다. 이후 특수교육 대상 학생에게 맞는 교육 내용 및 성취 수준[1~2학년 통합 교과(바, 즐, 슬), 2학년 국어, 4학년 국어, 기본 교육과정의 음악, 미술 등]을 추출해 프로그램을 구성하여 운영하였다. 특수학급에서는 C1, C2 프로그램을 중점적으로 운영하고, C3 프로그램은 통합 학급에서 일반 학생들과 함께 적용해 운영했다. 그중 4학년 3C 프로그램 연간 지도 계획을 소개하면 다음과 같다.

4학년 3C 프로그램 연간 지도 계획

실천 과제	역량	주제	활동 내용	차시	교과	단원	성취 기준	시기
C1 CHANGE	자기 인식	소중한 나	나를 소개합니다	1	창체 국어 국어 수학 미술	[진로] 자기 이해와 사회적 인식 1. 생각과 느낌을 나눠요 7. 사전은 내 친구 5. 막대그래프 8. 보고 또 보고	진로Ⅰ-Ⅰ-1 4국01-06 4국04-02 4수05-01 4미02-03	3월 1주
			나만의 감정 나무 세우기	2				3월 3주
			열한 살 마음 사전	1+				매주 화 아침
			내 안의 숨은 강점	3				5월 1, 2주
			행복한 자화상	2				9월 2주
		꿈꾸는 나	긍정 파워 내 이름	2	국어 도덕 미술 창체 창체	1. 생각과 느낌을 나눠요 1. 도덕 공부, 행복한 우리 2. 숨어 있는 나의 매력 [진로] 자기 이해와 사회적 인식 [진로] 진로 디자인과 준비	4국01-06 4도01-01 4미02-05 진로Ⅰ-Ⅰ-1 진로Ⅳ-Ⅳ-2 4국01-05	3월 2주
			내가 빛낼 미덕 보석	-				5월 2주
			꿈을 실은 열기구 제작하기	3				5월 3, 4주
			푸드 스타일리스트 따라잡기	2				4월 3주
			나의 꿈, 나의 미래	2				7월 7일
	자기 관리	슬기로운 감정 생활	너와 나의 마음 날씨	-	국어 창체 미술 국어 창체	1. 생각과 느낌을 나눠요 [적응] 상담 활동 1우리들의 교실 10. 인물의 마음을 알기 [자율] 상담 활동	4국01-06 4미01-04 4국01-04	3월 4주, 상시
			나의 레드 버튼 블루 버튼	1				4월 2주
			우리들의 힐링 스페이스	1				5월 2주
			화가 날 땐 이렇게	2				8월 4주
			감정의 사칙연산	2				10월 3주

C2 CONNECT	사회적 인식	지혜로운 관리 습관	내 마음속 보석을 닦아요	2+	국어 도덕 국어 국어	4. 일에 대한 의견 1. 도덕 공부, 행복한 우리 3. 아름다운 사람이 되는 6. 본받고 싶은 인물을~	4국03-03 4도01-01 4도04-02 4국02-03	상시
			매일 감사 한 줄: 매일 성장(성찰 노트)	-				매일
			내 마음에 동시 한 방울	1+				매주 수 아침
			진정한 아름다운 사람 되기	2				7월 1, 2주
			인생 멘토를 찾아서	1+				9, 10월 매일
		우리는 프로 공감러	나는 너의 수호천사, 마니또		도덕 국어 국어 국어 창체	우리가 만드는 도덕 3. 느낌을 살려 말해요 8. 이런 제안 어때요 2. 마음을 전하는 글 [자율] 자치활동	4미02-05 4도03-02	4월 3, 4주
			공감의 핫시팅	2				상시
			우리는 고민 해결사	1+				7월 5일
			격려의 마법	2				5월 2주 상시
			우리들의 하모니 이야기	1+				매일
		다름다운 세상	다운증후군의 날	1+	창체 창체 미술 도덕 창체	[자율] 장애 이해 교육 [자율] 장애 이해 교육 7. 미술가에게 더 가까이 6. 함께 꿈꾸는 무지개 [자율] 장애 이해 교육	4국01-06 4도01-01 4미02-05 진로I-I-1 진로IV-IV-2 4국01-05	3월 3주
			다름다운 세상을 만들어요	1				4월 3주
			우리는 어울러즈	1				5월 4주
			흰 지팡이의 날 알아보기	2				10월 3주
			점자의 날 알아보기	1				10월 4주
C2 CONNECT	관계 관리	소통의 마법	소통의 기술을 배워요	1	창체 창체 도덕 국어 국어	[적응] 기본 학습 훈련 [진로] 자기 이해와 사회적 2. 공손하고 다정하게 3. 느낌을 살려 말해요 6. 회의를 해요	진로I-I-2 4도02-03 4국01-04 4국01-02	3월 1주
			예절의 중요성	1				6월 1주
			예절 지키기 대탐험	1				6월 2주
			슬기로운 예절 생활	1				6월 23일
			하모니 회의	1				격주 월요일
		마음 모아 힘 모아	우리 반 마음 모아 협력!	1+	체육 도덕 미술	3. 경쟁 4. 힘과 마음을 모아서	4체03-04 4체03-08 4도02-04	4, 5월 2주 목
			우리 학년 마음 모아 협력!	2+				6, 7월 2주 목
			하하하! 협동의 방법	2				9. 14. 수
			계속해 보자, 협동!	1				10.18. 화
			마음 모아 같이 그리자	2				10월 3주

C3 COLLABORATION 책임 있는 의사 결정	나너 어울림 프로젝트 〈최강 하모니 반〉	우리 반 비전 세우기	1	도덕 미술 국어 음악 창체	1. 도덕 공부, 행복한 우리 1. 우리들의 교실 1. 생각과 느낌을 나누어 1. 마음을 열며 [자율] 자치활동	4도01-01 4미02-05 4국01-02 4음01-03 4음03-01	3월 1주
		[실행1] 존중의 약속	1				3월 2주
		[실행2] 하모니 반 간판 제작	2				3월 3주
		[실행3] 우리 반 로고 공모전	1				4월 2주
		[실행4] 학급 반가 뮤직비디오 제작	2				4월 3주
	학교 어울림 프로젝트 〈사랑의 고리〉	활동 평가 및 생활화	1	창체 국어 도덕 음악	[자율] 자치활동 5. 느낌을 살려 말해요 6. 회의를 해요 우리가 만든 도덕 악기 연주	4국01-02 4국01-04 4국02-05 4국03-04 4음01-06	4월 4,5주
		[계획] 프로젝트 계획 세우기	1				6월 3주
		[실행1] 그림책 선정 및 낭독 연습	1				6월 3,4주
		[실행2] 칼림바 합주 연습	1				6월 4주
		[실행3] 초대의 날-사랑의 고리 잇기	2				7월 4일
	세상 어울림 프로젝트 〈다양함이 빛나는 세상〉	[정리&평가] 반성 및 소감 나누기	1	창체 국어 사회 도덕 창체	[자율] 자치활동 6. 본받고 싶은 인물을 3. 사회 변화와 문화다 6. 함께 꿈꾸는 무지개 [자율] 인성 인권 교육	4국02-03 4사04-06 4도02-04	7월 4일
		[계획·실행1] 모두의 인권과 권리	2				10월 1주
		[실행2] 다양한 문화를 알아봐요	4				10월 2주
		[실행3] 다양함이 빛나는 캠페인	1				10월 2주
		[정리&평가]캠페인 소감 나누기, 실천 다짐	1				10월 3주
총 수업 차시			79				

　　기본 프로그램은 모든 학생을 대상으로 정서 위기를 선제적으로 예방하는 것이 목적이다. 교육과정 속에서 사회 정서 역량을 함양할 수 있도록 연구자들이 '3C 어울림 수업' 모형을 구안해 수업에 적용했다. 3C 어울림 수업에서는 다양한 학생의 가능성과 강점을 중심으로 수업 내 학생 수준에 따라 개별 배움 목표를 세우고 직접 교수, 또래 교수, 코티칭, 학습량 조정 등 개별화 수업 전략을 활용했다. 수업의 과정 및 흐름은 다음과 같다.

3C 어울림 수업 진행	
① 마음 열기	- 학생이 3C 프로그램의 본 차시 학습의 문제를 인식하고, 개별 목표를 세우며 학습 주제 및 수업 참여에 열린 마음을 가지는 단계 - 동기 유발, 배움 문제 및 순서 인식을 통해 학생 스스로 학습에 대한 개별 목표를 설정함
② 배움 잇기	- 자신의 열린 마음을 배움 문제와 연결 지으며, 학습 문제 해결 전략을 설정하고 활동 계획을 세우는 단계 - 지원이 필요한 상황에 따라 개별화 수업 전략 적용
③ 함께하기	- 다양한 형태의 모둠·집단에서 적극적인 의사소통으로 학습 문제를 해결하는 단계 - 지원이 필요한 상황에 따라 이질적인 모둠 구성, 학습 선호도를 고려한 수업 내용 조직, 선택권 부여 등의 개별화 수업 전략이 적용됨
④ 돌아보기	- '3C 배움 성찰' 자기 평가를 통해 앎이 삶으로 이어지도록 실천 의지를 다지며 활동을 정리하는 단계 - '3C 배움 성찰' 질문: 마음 열기 단계에서 자신이 설정한 개별 목표 도달을 스스로 점검하고, 학습 과정을 성찰하여 다음 배움 활동에 대한 목표 설정으로 환류하여 선순환됨

4학년 학급에서 진행한 활동 중 자기 인식 역량 프로그램의 활동을 소개하면 다음과 같다.

4학년		지혜로운 관리 습관				
하위 요소	자발적 동기 유발, 자기 훈육, 목표 설정			관련 교과	국, 도	운영 시기	연중 상시
3C 배움 목표	자신의 성장을 위해 스스로 목표를 설정하고, 성취하기 위해 충동을 조절하며, 스스로 성찰할 수 있도록 한다.			과정 중심 평가	산출물 평가 자기 평가, 상호 평가
개별화 수업 전략	★단서 제공 – 미덕 보석 일기 작성을 어려워하는 학생을 위해 예시 작품을 미덕 보석 일기 앞장에 게시해 따라 할 수 있도록 도움			1:1 핀셋 지원	V최○○, 임○○ -스케줄 관리 노트를 통해 교사, 학부모 연계 관리
3C 배움 활동	내 마음속 보석을 닦아요	매일 성장해요			
	- 미덕 알아보기(매주 월 아침) - 실천 방법 생각하기 - 일주일간 실천하기 - 미덕 보석 일기를 쓰며 일주일 돌아보기 - 부모, 교사의 피드백으로 강화	- 1년 비전-매달-매주 목표설정 - 매일 감사 한 줄 쓰기 - 일주일의 생활 모습 돌아보고 자기 관리 노트(매일 성장) 기록하기 - 교사, 친구, 부모의 피드백으로 강화	(사진)	(사진)
			미덕 보석 일기 쓰기	자기 관리 노트 (매일 성장) 작성
	진짜 아름다운 내가 되어요	인생 멘토를 찾아요		
	- 외면적, 내면적, 도덕적 아름다움에 대해 알아보기 - 아름다움의 중요도 가치 수직선확인 - 아름다운 사람이 되기 위한 실천 의지 다지기	- 위인전 읽기(1일 1편) - 위인전에서 찾은 미덕 가치 알아보고 학급 앱으로 공유하기 - 본받고 싶은 가치 찾고 마음에 새기기	(사진)	(사진)
			진짜 아름다운 나 -가치 수직선	위인에게 찾은 가치 공유하기
3C 배움 성찰	학생	재미있었다. 미덕 활동은 내가 좋은 일을 하게 만드는 것 같다.	내가 한 단계씩 성장하고 있는 것 같아 좋다.	4학년 국어 6단원은 전기문에 대한 내용입니다. 수업이 진행되는 8~9차시로만은 여러 위인과 그들의 가치관을 깊이 알기 어렵습니다. 미리 여러 위인전을 접하면 수업에도, 4학년의 나이의 발달에도 적합합니다.
	학부모	내 모습을 적용해 위인전을 보니, 그 속에 발견하지 못한 많은 보석이 있다는 것을 아이와 이야기하며 알게 되었습니다.		
				더 어울림 TIP & 일반화

심층 프로그램 적용하기

심층 프로그램은 선별된 정서 위기 관심군 학생의 사회 정서 역량 함양을 위한 개별 맞춤형 프로그램이다. 각 학생의 정서적 필요에 따라 영역별로 일대일 핀셋 지원 대상자를 선정해 다각도로 집중 지원·관리해 문제적 정서 행동의 특성을 제거하고 문제 행동을 개선하고자 했다. 본 연구에서는 정서 위기 관심군 학생 열 명[3학년 두 명, 4학년 다섯 명(특수 세 명 포함), 5학년 세 명]을 대상자로 선정했다.

예컨대 특수학급 4학년 윤호(가명)의 경우는 이러했다. 3월 초 윤호 어머니가 이런 말씀을 하셨다.

"선생님, 윤호가 화장실에 가면 바지를 모두 내려서 공중화장실을 사용하는 데 어려움이 있어요. 학교에서도 그럴 것 같아요."

윤호를 관찰해 보니 반향어(자폐스펙트럼장애가 있는 아이들에게 흔히 나타나는 양상으로, 다른 사람의 말을 단어 그대로 따라 하는 것)가 많았고 자발적 의사소통에 어려움이 있었으며 종종 상대방의 팔을 잡아 흔들었다. 수업 시간에 교실 뒤를 자주 돌아다니거나 교실 밖으로 나가는 등 수업 집중도가 현저히 낮아 학교 적응에도 어려움이 있었다. 검사해 보니 자기 인식 역량을 제외한 모든 영역에서 낮은 수준을 보였다.

우리는 윤호의 상황을 분석한 뒤 성장 목표를 세웠다. 먼저 읽기와 쉬운 낱말 쓰기는 가능하나 자발적 표현 언어가 적어 의사소통이 매우 적은 점에 대해서는, 구조적 맥락 속에서 반복적으로 표현 언어를 사용하도록 하여 의사소통 능력을 기르도록 했다. 또 외부 환경 변화에 대한 강박과 긴장감이 문제 행동으로 나타나 학습 활동에 어려움이 있는 점은 학교에서의 하루 일과를 아침마다 확인하도록 하여 긴장과 불안감을 줄였다. 마스크 뜯기, 팔 흔들기 등의 행동으로 관계 형성에 어려움을 보인 점은 목표 행동에 대한 행동 약속을 통해 긍정 행동을 도모했다. 화장실 사용 시 바지를 벗어서 공중화장실 사용이나 외부 활동에 제약이 있는 점은 화장실에서 지켜야 할 행동 약속을 하도록 했다. 학습 선호도에 따라 과제 집중도에 차이가 있어 학습 성취 수준이 낮은 점은 선호 과제와 비선호 과제를 교차로 제시해 학습 집중도를 높였다.

윤호는 기본 프로그램을 진행할 때 내가 좋아하는 음식이나 활동, 장소 등 소개하기를 했다. 이때 자발적 표현에 제한이 있어 가정과 연계해 윤호 어머니와 관련 정보를 공유했다. 또 '어울림 바다 만들기'를 하며 자신의 강점인 색칠하기로 다양한 물고기를 표현하고 스펀지에 물감을 찍어 친구들과 함께 넓은 바다를 완성하는 경험을 하도록 했다.

심층 프로그램으로는 자기 관리의 기본인 식생활 태도를 개선하고자 매일 급식 지도를 지원하며 식사 도구를 사용하고 다양한 음식을 경험하도록 했다. 또 동아리에 참여해 친구들과 '비누 만들기' '어울림 콘서트 참여' 등 다양한 활동을 함께하게 했다. 통합 학급을 대상으로 통합 체육 프로그램 등을 제공해 다양한 구성원과 관계 맺을 기회를 자주 주었다.

이런 활동 끝에 10월에 실시한 사회 정서 역량 사후 진단에서 윤호는 대부분의 역량이 향상된 결과를 얻었다. 특히 C1 자기 관리 역량이 크게 향상된 것으로 나타났다.

학교 및 지역사회로 확대하기

연구 팀은 사회 정서 역량을 키우기 위해 교실에서 한 노력이 학교와 지역사회로 확산되기를 바랐다. 또 연구 교사 학급의 학생이 이듬해에도 지속적으로 사회정서학습 연계 활동을 할 수 있기를 바랐다.

그래서 3~6학년 중 희망 학생들을 대상으로 '따뜻한 숨결(따숨)'이라는 상설 자율 동아리를 창단했다. 특히 특수교육 대상 학생이 각 학급에 배치되어 있었기에 1학기에는 '장애 이해 공감'을, 2학기에는 '다양성 존중 공감'을 대주제로 삼아 '따숨 데우기-따숨 채우기-따숨 나누기'의 3단계로 동아리 활동을 구성하고 운영했다.

'따숨 데우기' 단계는 동아리 활동을 위한 기본 준비 단계이다. 동아리 부원 모집 및 활동 안내, 발대식, 주제별 동아리 활동 계획을 세우고 장애 이해 공감을 위한 기본 소양 교육을 진행했다.

'따숨 채우기' 단계는 본격적으로 동아리 부원들의 장애 이해 및 다양성 존중에 대한 인식 개선을 목표로 했다. 동아리 부원들에게 이에 대한 기본 소양 교육을 계속하는 한편, 주제별 공감 캠페인 등 동아리 부원 중심의 활동들을 구성했다. 그중 1가지로 '점자 익히기' 활동을 했는데 이는 자음과 모음의 점자 표기법을 익힌 뒤, 자신이 좋아하는 음료나 과자의 이름을 입체 스티커를 이용해 점자로 나타내 보는 활동이다. 실제로 음료나 과자에 점자를 부착하는 것까지 진행해 보았다.

마지막 '따숨 나누기' 단계에서는 전교생 및 학부모로 대상을 확장하여 장애 이해 및 다양성 존중에 대한 인식 개선 활동을 전개했다. 동아리 부원들과 함께 전교 및 가정에서 다양한 활동을 펼쳤는데 그중 하나로 '장애 이해 유퀴즈 공감 온도 올리기'가 있다. 장애 이해 관련 문제를 십자말풀이로 만들어 전교생에게 나누어 준 뒤, 퀴즈를 풀어 제출한 학생의 엄지 도장을 찍어 학교의 '공감 온도계'의 온도를 높이는 활동이다. 추후 퀴즈 정답과 공감 온도계를 교문 앞에 게시했다. 그 외에 장애 이해 공감 영화 제작

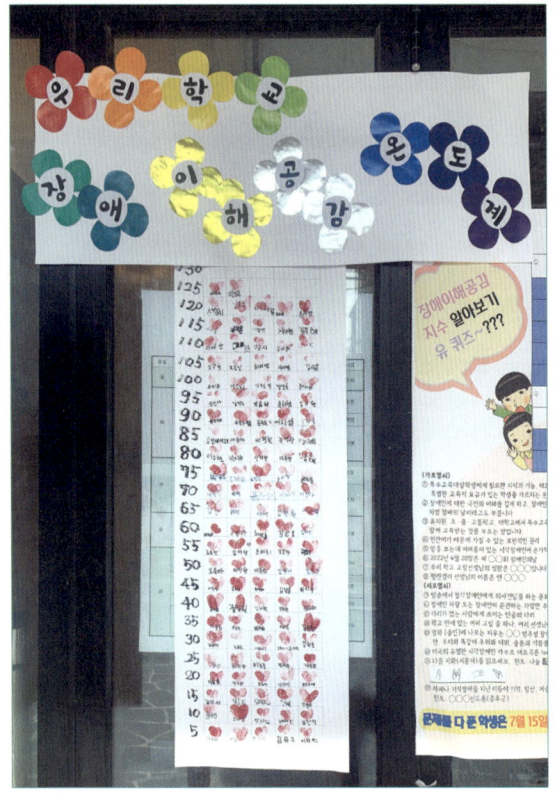

공감 온도계

캠프도 운영했다. 장애 이해를 주제로 한 영화를 찍어 국제 어린이 영화제에 출품하고 학교 안에서 영화 시사회도 가졌다. '따숨 가족 가을 나들이 활동'이라 하여 지역 어린이대공원으로 가족들과 소풍을 떠나기도 했다.

개별 맞춤 3C 프로그램의 효과는 어떠했을까

프로그램을 모두 진행한 후 그 효과를 분석해 보았다. 3월 사전 검사 때 했던 백예은의 사회 정서 역량 검사 척도 설문지를 10월 사후 검사에도 활용해 학생들의 사회 정서 역량에 어떤 변화가 있었는지 분석했다. 자기 인식, 자기 관리, 사회적 인식, 관계 관리, 책임 있는 의사 결정의 5개 영역 모두 유의미하게 역량이 향상된 것으로 나타났다. 특히 자기 관리 영역은 사전 검사에서 가장 낮은 수준을 보였으나 프로그램 적용 후 가장 큰 향상을 보였다. 연구 팀은 C1의 슬기로운 감정 생활, 지혜로운 관리 습관 프로그램이 스트레스를 적절히 관리하고 목표를 위해 노력하는 자기 관리 역량 향상에 도움이 된 것으로 분석했다.

일대일 핀셋 지원 관심군 학생 열 명에 대해서도 마찬가지로 3월과 10월의 사회 정서 역량을 비교·분석해 보았다. 학생 개개인이 가지고 있는 정서 위기적 특성 및 각 가정의 관심과 지원 정도에 따라 개인별, 역량별로 성장 폭의 차이는 있었으나 전반적으로 학생들의 사회 정서 역량이 많이 함양되었다는 것을 알 수 있었다.

마지막으로 학생, 학부모, 동료 교사에게 프로그램에 대한 소감을 받았는데 긍정적인 평이 많았다.

"처음엔 우리 반이 많이 싸웠는데 선생님과 '왜 무슨 이유로 싸웠을까?'라는 생각을 한 뒤 포스트잇으로 자기 생각을 쓰면서 사이가 많이 좋아졌다."_3학년 학생

"'다른 사람한테 배려하는 말하기'를 하면서 서로한테 착한 말을 주고받고서 더더욱 친근해진 것 같다."_3학년 학생

"우리가 했던 모든 어울림 활동에 의미가 있었다는 사실에 놀랐고, 이 활동들을 통해 더욱 성장한 것 같아서 나 자신이 대견하다!"_4학년 학생

"장애가 있는 친구들과 더 친해질 수 있어서 기쁘다."_4학년 학생

"친구들의 실수나 방해에 대한 이해의 폭이 매우 넓어졌습니다."_학부모 소감문 중

"공개 수업 때 보니 쌓여 온 반 전체의 분위기가 월등히 좋은 점이 눈에 띄었습니다."_학부모 소감문 중

    학생과 학부모의 활동 소감문을 분석하여 빈출 키워드를 추출했다. 주로 '어울림, 성장, 자신감, 협동, 뿌듯, 행복, 배려, 좋았다' 등의 단어가 나타났다. 이를 통해서도 개별 맞춤 3C 프로그램이 아이들에게 긍정적인 효과를 가져왔음을 느꼈다.

    연구 기간 동안 특별한 지원이 필요한 아이들을 포함해 모든 아이의 성장을 응원했다. "내가 도와줘도 될까?" 하고 친구에게 말

할 줄 아는 아이들, 친구를 세심하게 배려하는 법과 자연스럽게 공감하고 존중하는 법을 배운 아이들. 이제는 중학생이 된 그 아이들이 2025년 스승의 날, 다른 학교에서 근무하는 나를 찾아왔다. 나와 수업하며 다양한 활동을 하던 때를 떠올리며 그때의 활동이, 중학교에서 새로운 선생님과 친구들과 좋은 관계를 맺으며 즐겁게 학교생활을 하는 데 큰 도움이 되었다고 이야기했다. 함께 어우러져 살아가는 방법과 그 행복감을 아는 아이들의 미래가 더욱 기대된다.

8장

중학 국어 수업,
사회정서학습을
만나다

-권주영

중학교에서 국어 교과를 가르치면서 계속 고민하는 점은 '우리 아이들의 삶에 도움이 되는 수업은 어떠해야 할까?'이다. 언어는 사고를 형성하고 사고는 언어로 표현되기에, 언어로 자신을 올바로 이해하도록 돕는 것이 무엇보다 중요하다고 생각한다. 나아가 그 이해를 바탕으로 세상을 이해하고 자기 삶을 올곧게 살아가도록 돕는 것이 나의 국어 수업이 되어야 하지 않을까?

국어 교과에서 아이들은 많은 문학 작품을 배운다. 운율 있는 언어로 표현된 시에서 비유와 상징을 익히고, 시어들의 함축적 의미를 유추하여 시의 화자가 처한 상황과 정서를 만난다. 소설을 읽으면서는 우리가 세상 속에서 부딪히게 되는 여러 갈등 상황을 간접 체험한다. 다양한 사람이 살아가는 모습을 통해 삶의 의미를 찾기도 한다.

그동안 국어 수업을 통해 자기와 타인을 이해하고, 세상과 건강하게 관계 맺는 법을 전하는 일에 대해 오래 고민해 왔다. 그런데 이와 같은 교육이 사회정서학습이라는 이름으로 다른 나라에서 이루어지고 있음을 알게 되었다. 국어 수업 시간에도 이 주제를 더욱 다채롭고 깊이 있게 다룰 수 있지 않을까?

시로 배우는 세상의 경이로움

시 수업에 사회정서학습을 적용해 보았다. 먼저 '사진 시' 쓰기를 통해 세상의 경이로움을 발견하고 심미적 체험을 해 보는 수업을 구상했다. 수업을 크게 세 단계로 나누었다. 첫 번째 단계는 필사를 통해 '경이로움의 의미'를 생각해 보는 것이다. 본격적으로 사진 시 작업을 하기 전에 먼저, 학생들과 한강 작가의 노벨 문학상 수상 소감을 함께 나누며 일부분을 필사해 보았다.

"여덟 살 때의 어느 날을 기억합니다. 주산학원의 오후 수업을 마치고 나오자마자 소나기가 퍼붓기 시작했습니다. 맹렬한 기세여서, 이십여 명의 아이들이 현관 처마 아래 모여 서서 비가 그치길 기다렸습니다. 도로 맞은편에도 비슷한 건물이 있없는데, 마치 거울을 보는 듯 그 처마 아래에서도 수십 명의 사람들이 나오지 못하고 서 있는 모습이 보였습니다. 쏟아지는 빗발을 보며, 팔과 종아리를 적시는 습기를 느끼며 기다리던 찰나 갑자기 깨달았습니다. 나와 어깨를 맞대고 선 사람들과 건너편의 저 모든 사람들이 '나'로 살고 있다는 사실을. 내가 저 비를 보듯 저 사람들 하나하나가 비를 보고 있다. 내가 얼굴에 느끼는 습기를 저들도 감각하고 있다. 그건 수많은 일인칭들을 경험한 경이의 순간이었습니다.

돌아보면 제가 문학을 읽고 써온 모든 시간 동안 이 경이의 순간을 되풀이해 경험하고 있었던 것 같습니다."

_한강, 노벨 문학상 수상 소감 중에서[1]

필사는 한 글자 한 글자 손으로 쓰면서 문장의 의미를 곱씹고, 숨겨진 뉘앙스나 저자의 의도를 파악하는 데 집중하게 되는 효과가 있다. 또 마음을 차분히 가라앉히고 잡념을 없애는 데에도 도움이 된다.

두 번째 단계는 '경이로움 발견하기'이다. 이를 위해 2025년 봄날, 벚꽃이 활짝 핀 중랑천으로 나가 새로운 시선으로 그 경이로운 아름다움을 포착하여 사진을 찍은 뒤 그것을 에세이로 표현해 보도록 했다.

아이들이 창작한 '사진 시'

마지막은 '경이로움 표현하기' 단계이다. 아이들에게 사진과 함께 이른바 '사진 시'를 창작해 자신이 느낀 경이로움을 자유롭게 표현해 보도록 했다.

활동이 끝난 뒤 아이들의 소감도 적게 했는데, 다양한 이야기를 들을 수 있었다. 그중 일부를 소개하면 다음과 같다.

"내가 평소에 좋아하는 봄의 느낌을 가득 느끼고 그것을 표현할 수 있어서 좋았다. 그리고 그것에 대해서 다른 친구들은 어떻게 생각하는지에 대해 알아본 것도 재미있었다."

"사진을 찍으면서 자연이 참 아름답다는 걸 눈으로 느꼈고, 시를 쓰면서는 그 아름다움이 점점 사라지고 있다는 게 안타까웠다."

시 편지 쓰기

중학교 3학년 2015 개정 교육과정의 성취 기준 중 "[9국05-01] 문학은 심미적 체험을 바탕으로 한 다양한 소통 과정임을 알고 문학 활동을 한다."의 과정은 문학 작품이 지닌 심미적 체험의 가치를 깊이 있게 알고 적극적으로 문학 활동을 할 수 있게 하는 것이다. 이 부분을 수업할 때도 사회정서학습을 적용해 보았다. 학생들과 함께 이지선의 저서 『꽤 괜찮은 해피엔딩』을 함께 읽는 활동을 하기로 했다. 이 책에 나오는 '외상 후 성장'의 의미를 생각하며 이와 관련된 자기 경험을 글로 쓴 뒤, '시 편지' 쓰기 활동까지 해 보았다. 이 책에서 저자는 '외상 후 성장'을 다음과 같이 설명한다.

"어려운 일을 겪으면서 누가 진정한 친구인지도 알게 되고, 가까운 사람에게도 더 고마워하고, 괴로움을 겪는 타인에게 더 잘 공감하게 되기도 합니다. 또한 우리가 소중히 여기는 많은 것이 영원하지 않다는 사실을 깨닫고 삶에 감사하며, 인생의 우선순위가 변하기도 합니다. 학자들은 이를 '외상 후 성장'이라고 합니다."[2]

저자 이지선은 스물세 살에 큰 교통사고를 '만나' 전신 55퍼센트에 3도 중화상을 입고 40번이 넘는 수술을 했다. 그 고통스러운 시간을 이겨 낸 뒤, 미국 유학 후 지금은 모교의 대학교수로 일하고 있다. 이 책에서 저자는 그러한 경험을 나누며 고통으로 아파하는 이들에게 위로와 응원을 전한다. 지난한 고난의 시간을 지나오면서 고통의 경험이 '상처'가 아니라 오히려 '성장'이 되었다고, 그리고 자신의 인생을 돌이켜 "인생이란 동굴이 아닌 언젠가 환한 빛이 기다리는 터널임을 깨달았다."[3]라고 말하고 있다.

수업에서 이를 아이들과 함께 나누며 지나온 자신의 시간 속에 그런 순간이 있는지 생각해 보게 했다. 그 뒤 먼저 자신의 경험을 쓰고 마음에 드는 시를 고른 뒤, 그 두 글을 바탕으로 자기 자신을 위로하고 격려하는 편지를 작성해 보도록 했다. 자신을 돌보는 힘을 기를 수 있기를 바라는 마음으로 이러한 일련의 수업 과정을 설계하고 이를 평가에 반영했다.

심미적 체험 글쓰기 평가지

소설과 영화로 배우는 갈등 다루는 법

 소설은 세상의 이야기를 담고 있다. 소설을 읽으며 우리는 등장인물의 감정을 살펴보면서 자신의 삶을 성찰하고, 세상을 사는 지혜를 얻을 수 있다.

 중학교 2학년 국어 수업의 성취 기준 "[9국05-04] 작품에서 보는 이나 말하는 이의 관점에 주목하여 작품을 수용한다."의 수업에 사회정서학습을 적용해 보았다. 소설 『동백꽃』을 읽으며 학생들과 함께 등장인물 '나'와 '점순이'의 감정과 갈등을 살펴보았다. 그리고 소설 속 등장인물의 감정 일기를 쓰는 활동을 해 보았다.

 중간 고사 이후에는 영화 〈인사이드 아웃 2〉를 관람한 뒤, 아이들에게 감정에 대한 이해를 바탕으로 자신의 핵심 감정 등에 대해 생각해 보도록 했다. 그 뒤 감정 일기 공책을 만들어 나누어 준 뒤, 감정 일기 쓰기의 예시를 보여 주며 아이들에게 일주일에 한 번씩 감정 일기를 작성해 보도록 했다. 감정 일기 쓰기 인공지능 프로그램도 있기는 하지만, 감정을 좀 더 깊이 들여다보며 자신의 욕구와 그것을 해결하는 방법까지 생각하기에는 감정 일기 공책이 더 도움이 된다. 감정 일기는 단순히 감정을 표현하는 것에 그치지 않고 자신의 마음과 욕구를 알아차리고 이를 해결하기 위한 지혜를 얻는 성찰 과정까지 있어야 더욱 의미가 있다.

| 수행 Ⅱ-3 | 2025년( )월( )일 | 나, 친구들 그리고 세상과 소통하는 중학교 2학년 ( )반 ( )번 이름: |

"짜증 나! 그런데 사실은 내 마음이 이거야."

1. 내가 짜증 났던 상황은? (※육하원칙에 따라 적어 봅니다.)

언제: 어디서:

누구와: 무엇으로:

왜:

어떻게 했나?

2. 그날의 이야기를 구체적으로 적어 봅니다. (※ 그날의 이야기를 적으면서 그날 자신이 느꼈던 감정에 대해 생각해 봅니다.)

                                                                              ★

3. 짜증 난 마음 너머의 진짜 나의 마음은? (※ 그림책이나 감정 카드를 참고하여 진짜 감정을 찾아봅니다.)

나의 진짜 감정은? (   )

내 마음이 바라는 것:

상대방(또는 자신)에게 하고 싶은 말은?

감정 일기 공책 예시

교육은 결국 삶의 이야기를 다룬다. 교사의 삶이 세상 속에서 아이들의 삶과 만날 때 변화와 성장이 가능할 것이다. 그러기 위해 교사의 삶도, 아이들의 삶도 소중히 대접받아야 한다고 생각한다. 그 가운데에 '감정'이 있다. 세상을 만난 우리의 반응이 감정으로 드러날 때 어느 감정 하나 불필요한 것이 없다. 자기 감정을 소중히 다루고 또 타인과의 만남에서 감정을 조절하는 힘을 갖게 된다면 보다 더 풍요로운 나눔과 성장이 있을 것이다. 아이들의 감정 다루기를 고민하면서 동시에 교사의 감정 다루기에도 관심을 갖는 이유는 성숙한 어른을 통해 아이들이 배우기 때문일 것이다.

2025년에 한국형 사회정서학습 프로그램을 만들어 당장 현장에서 실천하라는 업무 지침이 내려왔다. 사회정서학습을 먼저 고민한 바 있는 교사로서 반가움보다는 염려가 더 크다. 수업으로 치유와 살핌의 글쓰기 수업을 하다 보면 무엇보다 아이들이 세상을 느끼고 자신을 들여다볼 시간과 마음의 여유가 반드시 필요하다는 걸 느끼게 되기 때문이다. 숨 쉴 틈 없이 돌아가는 학교 현장에 단순히 몇 차시의 프로그램을 제시하는 정도로는 사회정서학습에 대한 근본적인 공감이 이루어지기 어려울 것이다.

감정은 소중하다. 그리고 더욱 소중한 것은 섬세한 감정을 느끼며 서로 나눌 수 있는 마음의 빈자리이다. 국어 수업을 통해 그 빈자리를 만들어 주고 싶다.

9장

사회정서학습으로 시민교육이 가능할까?

—고아라

사회정서학습은 시민교육의 성격을 띨 수밖에 없다. 학생들이 겪는 문제가 인종차별, 빈부 격차, 범죄 등 여러 사회문제와 맞닿아 있으며 사회정서학습은 이를 해결하고자 하는 노력의 일환으로 연구, 실행되었고 형평성을 고려해 고안되었기 때문이다.[1]

21세기 초, 미국의 사회문제와 사회정서학습의 필요성을 잘 보여 주는 영화로 2007년 작품 〈프리 라이터스 다이어리〉가 있다. 이 영화 속에서 캘리포니아의 한 고교에 부임한 초임 교사 에린 그루웰은 인종차별을 비롯해 여러 곤란 속에서 자라는 학생들을 마주한다. 학생들은 교사 그루웰이 백인이라는 이유만으로 쳐다보기도 싫다고 대놓고 말하는가 하면, 학생들끼리도 라틴계, 아시아계, 흑인 등으로 나뉘어 서로 괴롭히기 일쑤다. 그 속에서 헌신적으로 일하던 도중 그루웰은 한 학생이 흑인 학생에게 인종차별적인 내용이 담긴 쪽지를 보낸 것을 발견하고 크게 화를 내게 된다. 이런 행동이 모여서 홀로코스트를 일으키는 거라고 혼을 내자 가만히 듣고 있던 한 학생이 이렇게 묻는다.

"그런데 선생님, 홀로코스트가 뭐죠?"

학생들은 그때까지 홀로코스트를 배우지 못한 것이다.

영화에 나타난 인종차별에 대해 먼저 생각해 보자. 연구에 따르면 차별은 분노는 물론 무기력까지 낳는다. 이러한 트라우마가 계속되면 자기 파괴적 선택뿐만 아니라 사회 파괴적 선택을 하게 된다.[2] 미국 워싱턴대 교수 제임스 뱅크스 James A. Banks 는 이러한 현상을 '실패한 시민성'이라 부른다. 실패한 시민성이란 어느 개인 혹은 집단의 구성원들이 배제되어 양가감정(원하면서 동시에 파괴하고 싶은)을 느끼게 되면서 소속 국가의 가치나 정신을 내면화하지 않은 상태를 말한다.[3] 유럽의 이민자 2세가 갑자기 IS에 합류하는 경우 등이 바로 실패한 시민성의 예시가 될 것이다.

이런 상황에 대해 사회정서학습은 트라우마를 극복하고 회복탄력성을 촉진하는 방향으로 개입할 수 있다. 사회정서학습을 통해 학생들이 학업을 마치고 사회의 건강한 구성원이 되는 것, 특히 정치적 효능감을 가지고 투표 등을 통해 정치에 참여하는 '참여적 시민성' 상태로 전환하는 것이다. 카셀에서는 처음 개념을 정립할 때부터 사회정서학습은 학생들과 성인이 책임감 있는 시민 참여 기술을 배우고 연습하도록 돕는다고 밝힌 바 있다.[4]

그렇지만 학생들의 트라우마는 인종차별이라는 구조적 문제로부터 기인하는 것이므로 인종차별이 철폐될 때 진정한 의미의 치유가 일어날 것이다. 그래서 사회정서학습은 사회의 변화에 학생들이 기여하는 것까지를 목표로 삼는다. 즉 인권, 사회정의, 평등을 위해 행동하는 것, 변혁적 시민권을 추구한다. 앞서 언급한 영화에서 그루웰의 학생들은 『안네의 일기』를 읽고, 홀로코스트 박물관을 견학하고, 안네의 가족을 도운 인물을 학교로 초청해 이야기를 듣고 그에 관해 글을 쓴다. 이런 교육을 통해 학생들은 변혁적 시민으로 나아갈 수 있다.

변혁적 사회정서학습의 등장

2019년 카셀에서는 변혁적 사회정서학습을 발표하며 사회 변화에의 기여에 방점을 두었다. 변혁적 사회정서학습은 공평한 환경과 시스템을 조성하고 정의를 지향하며 시민 참여를 증진한다는 목표를 향해 사회정서학습 프레임워크를 적용하는 것을 의미한다. 변혁적 사회정서학습에서는 5가지 사회 정서 역량을 민주시민에게 요구되는 자질과 연결해 제시한다.[5]

변혁적 사회정서학습과 각 역량

역량	책임 있는 개인	참여적 시민	변혁적 시민
자기 인식	획득된 개인주의 정체성 - 사적인 배려 - 탐구 - 해결책	공동체 지향 정체성 - 사적인 배려 - 탐구 - 해결책	공동체 지향 정체성 - 중심성 - 사적인 배려 - 탐구 - 해결 - 비판적 자기 분석
자기 관리	감정 중심 대처 주도성 - 회복 탄력성 - 사회적 효능감	감정 중심 대처 주도성 - 회복 탄력성 - 사회적 효능감 - 시민의 효능감	문제 중심 대처 / 문화적 겸손 주도성 - 회복 탄력성 - 사회적 효능감 - 시민의 효능감
사회적 인식	공공의 배려(관심) 소속감 - 접근	공공의 관심 - 소속감 - 포용 - 두드러진 다양성(상황적)	사적인 관심 소속감 - 공동 소유 - 두드러진 다양성 - 비판적 사회 기술
관계 기술	참여 -공유 / 도움	참여 / 문화적 역량 -공유 / 도움	참여 / 다문화적 역량 -공유 / 도움
책임 있는 의사 결정	대인 관계 정의 문화 적응 개인적 안녕	절차적 정의 동화 집단의 안녕	협력적 문제 해결 리더십 / 다원주의 집단의 안녕

이 표에서 자기 인식 영역에 있는 정체성은 자기 인식의 핵심으로, 학생이 자신을 개인이자 주변 세계의 일부로 어떻게 인식하는지를 의미한다. 개인 및 사회 집단의 지위(종종 교차성과 위치성의 관점에서 논의됨)와 관련된 이해와 감성을 함축한다.[6] 예를 들어 홍콩대 지리학과 콴메이포關美寶 교수는 미국의 한 무슬림 여성이 9.11 테러 전후로 어떤 공간을 얼마나 안전하게 느끼는지에 관한 연구를 진행했다. 연구 결과 이 여성은 테러 전에는 자연스럽게 방문했던 시내 여러 장소를 테러 이후에는 매우 위험하다고 느꼈다. 심지어 자신의 집조차 안전하다고 느끼지 못했다. 테러 이후 활동 반경이 크게 위축된 것이다.[7] 무슬림이자 여성이라는 정체성 때문에 나타난 현상이라 할 수 있다. 이렇게 정체성은 사회 안에서의 '나'에 대해 생각해 보게 한다.

또한 자기 관리의 일부로 다루어지는 주도성은 긍정적인 변화를 가져오는 선택과 행동을 취하는 능력과 관련 있다. 또한 학생들이 학습 및 진로 목표를 선택하고, 개인의 어려움을 극복하고, 삶의 방향을 형성할 수 있는 능력이기도 하다. 주도성은 회복 탄력성과 시민 참여 수준으로 알 수 있다. 시민 참여 수준이 높을수록 회복 탄력성이 높고 효능감도 더 높은 수준으로 작동한다.[8] 이때 효능감에는 사회적 효능감(사회생활에서의 효능감)[9], 시민의 효능감(시민으로서 능력과 자질)[10], 집단적 효능감(자기가 속한 집단의 역량에 대한 효능감)[11]이 있다.

변혁적 시민의 책임 있는 의사 결정 역량 중 하나로 제시된 '협력적 문제 해결'은 관계 기술의 일부로 지식, 기술, 노력을 모아 공동의 이해를 구축하고 함께 협력해 해결책을 찾는 능력이다.[12] 이 역량을 기르는 대표적인 학습 형태로는 협동 학습, 프로젝트 학습, 문제 해결 학습 등이 있다. 이런 학습 모두 학생의 주도성을 높여 능동적 시민성 향상에 기여할 수 있다.

2022 개정 교육과정에서는 민주 시민 교육을 '학생이 자기 자신과 공동체적 삶의 주인임을 자각하고, 비판적 사고를 통해 자신이 속한 공동체의 문제를 상호 연대하여 해결할 수 있도록 지원하는 교육'으로 정의하고 있다.[13] 우리 교육과정 역시 책임 있는 개인으로 시작하여 참여적, 변혁적 시민을 지향하고 있음을 알 수 있다. 사회정서학습과 우리 교육과정의 민주 시민 교육은 밀접한 관계에 있으며 모두 다양한 역량 강화에 기여할 수 있다.

사회정서학습은 감정과 정서만 다룰까?

감정과 정서는 변혁적 시민성에 어떤 역할을 할 수 있을까? 미국의 심리학자 조너선 하이트 Jonathan Haidt는 '사회적 직관'이라는 개념을 제시하면서 감정을 강아지에, 이성은 그 강아지의 꼬리에 비유했다. 예를 들어 무엇인가를 접했는데 그것이 싫다는 감정이 들면 그 무엇인가가 부도덕하다고 반응하게 되고, 그런 반응을 뒷받침하는 합리적인 이유를 사후에 붙인다는 것이다.[14] 하이트는 『바른 마음』이라는 책에서 이러한 사회적 직관을 이해한다면 타인과 더 잘 지낼 수 있을 것이라 주장했다.

이는 사회정서학습 중 '사회적 의사 결정하기 / 사회적 문제 해결하기' 프로그램과 관련 있다. 이 프로그램은 사회적 역량, 또래 수용, 자기 관리, 사회적 인식, 그룹 참여, 비판적 사고와 관련된 일련의 기술을 개발하는 데 중점을 둔다.[15] 이 프로그램에서 교사는 학생들에게 FIG TESPN이란 프레임워크를 제시하여 학생들이 문제 상황에 맞닥뜨리거나 결정을 내려야 할 때 지침으로 활용하고 책임 있는 의사 결정을 내면화하도록 도울 수 있다.[16] FIG TESPN는 다음과 같은 문장들의 첫 글자를 딴 것이다.

F: 감정은 문제 해결의 단서예요.
 (Feelings are your cue to problem solve.)

I: 문제를 파악해요.
 (Identify the issue.)

G: 목표를 가지고 움직여요.
 (Guide yourself with a goal.)

T: 할 수 있는 일을 여럿 생각해 봐요.
　(Think of many possible things to do.)

E: 각 해결책의 결과를 상상해 봐요.
　(Envision end results for each option.)

S: 최선의 해결책을 골라요.
　(Select your best solution.)

P: 절차를 계획하고 장애물을 예상해 봐요.
　(Plan the procedure and anticipate roadblocks.)

N: 무슨 일이 일어났는지 기록하고 다음을 위해 기억해 두어요.[17]
　(Notice what happened and remember it for next time.)

이 프레임은 나와 타인의 감정을 인식하는 것에서 시작하여 어떻게 하면 사회적으로 올바르게 행동할 것인지를 결정하도록 돕는다. 예를 들어 코로나19가 한창이던 시기, 미국에서 아시아인에 대한 증오 범죄가 폭증했다. 코로나19로 많은 사람이 우울, 분노, 두려움, 불확실성으로 고통받았는데, 그렇다고 하여 아시아인에게 주먹을 휘두르는 것은 사회적 불안을 더 키울뿐더러 스스로 범죄자가 되는 결정을 하는 것이다. 이때 학교에서는 FIG TESPN와 같은 프레임을 이용하여 친사회적 행동을 하도록 도울 수 있다. 이 프로그램은 감정 폭발과 실수가 잦은 학생들의 행동을 수정하

는 데에도 적절하다.[18]

여전히 많은 사람이 사회정서학습은 감정과 정서에만 중점을 둔다고 오해한다. 이와 관련해 최신 뇌과학 연구 결과를 살펴볼 필요가 있다. 『사피엔스』라는 책을 쓴 역사학자 유발 하라리가 정리한 바에 따르면 뇌의 가장 기본적인 작용, 이를테면 천적을 보고 도망가는 행위에조차 감정과 생각이 혼재되어 있다. 사람이 사자를 보고 도망가는 것은 사자라는 자극을 받은 특정 뉴런이 흥분하고, 그에 따라 하류에 있는 뉴런들도 흥분하여 발화하고, 해당 뉴런들이 모두 충분히 발화하면 부신이 몸에 아드레날린을 퍼붓고 심장에는 더 빨리 뛰라는 명령을 내리고, 동시에 운동 중추에 있는 뉴런들도 발화하여 근육에 늘어나고 수축하라는 신호를 보내는 기전 때문이다.[19] 이렇듯 감정-인지-행동은 연결되어 있다. 사회정서학습을 통해 감정과 정서를 다루면 학업 성취가 향상될 뿐만 아니라 비판적 사고력 같은 민주 시민 역량도 향상될 수 있다.

비판적 사고란 어떤 정보나 주장을 주어진 그대로 수용하지 않고 적극적이고 능동적으로 판단하는 사고 과정이다.[20] 사회정서학습 프로그램 중 하나인 PATHS는 특히 사고력을 강조하는 프로그램으로, 비판적 사고력뿐만 아니라 시스템적 사고 같은 고차 사고력의 향상에도 초점을 맞추고 있다.

PATHS의 부모 교육 프로그램 중 하나인 '감정 인식하기와 표현하기' 단원을 살펴보면 감정에는 어떤 종류가 있는지, 이를 어떻게 표현하면 좋을지를 안내하고 있다. 우선 모든 감정은 다 자연스러운 것이라고 가르친다. 설혹 불편한 감정을 느낄지라도 그 감정은 가치가 있고 그로부터 새로운 정보를 얻을 수 있다고 한다. 프로그램에서는 부모나 주 양육자가 아이의 부정적인 감정을 인식하고 이를 말로 표현하도록 도와주어야 한다고 권고한다.[21] "배가 고파도 짜증, 공부가 재미없어도 짜증, 친구 관계가 마음대로 안 되어도 짜증"[22]을 내는 것이 아니라 좌절했고, 실망스럽고, 화가 난다고 정확하게 인식하는 것은 나의 감정뿐만 아니라 타인의 감정을 다룰 때 중요하다. 그렇지만 그 감정에 따른 행동은 올바른 것과 그렇지 않은 것으로 나뉜다. 이렇게 행동의 옳고 그름을 판단하는 것이 비판적 사고의 시작이다. 비판적으로 사고해야 내가 어떻게 행동해야 하는지 결정하고 판단할 수 있다.

세상을 바꾸는 힘, 성찰을 교육하기

'역사를 마주하기, 그리고 우리들 Facing History and Ourselves'이라는 프로그램은 역사적 상황에 대한 공감과 성찰을 통해 본격적으로 시민성에 기여하고자 디자인된 프로그램이다. '성찰'이란 미국 심리학자이자 교육학자인 존 듀이 John Dewey 가 주장한 반성적 사고와 관계가 깊다. 반성적 사고란 "지지하고 있는 근거와 지향하는 궁극적인 결론의 측면에서 모든 신념에 대해 적극적이고 지속적이며 주의 깊게 검토하는 것"[23]으로 정의할 수 있다. 반성적 사고의 반대는 근거 없는 백일몽, 고집, 편견 등일 것이다. 또한 성찰은 스스로를 되돌아본다는 뜻이다.[24] 성찰 능력이 좋아질수록 사회 정서 역량도 더 커질 수 있다.[25]

이 프로그램의 학습 주제 중 하나인 '홀로코스트'의 경우, 1919년 바이마르공화국(1차대전 이후 설립된 독일의 공화국)의 성립부터 히틀러의 집권과 1930년대의 혼란, 대량 학살의 희생자와 그럼에도 불구하고 살아남은 사람들의 이야기를 다룬다. 그리고 이를 통해 홀로코스트가 지금의 현실 세계에 미치는 영향이 무엇인지 탐색한다.[26] 여기까지는 일반적인 역사 수업과 비슷하다.

그렇지만 이 프로그램에서는 학생들에게 학습 과정에서 느낀 감정을 표현하게 한다. 홀로코스트와 같은 상황을 접하게 되면 곧장 피해자들에게 공감하는 학생이 있는가 하면 트라우마를 보이거나 회피하려는 학생도 있다. 때로는 무감각한 감정 반응을 보이기도 한다. 이때 이 프로그램에서는 각기 다른 감정 반응을 수용하면서 구조화된 토론, 반성적 일지 쓰기 등을 통해 윤리적 성찰을 유도한다. 예를 들어 가해자, 방관자, 저항자, 구조자의 입장에서 각각 어떻게 느끼고 행동했을지를 입체적으로 살펴보게 한다.[27] 또한 홀로코스트에 관한 자료뿐만 아니라 여러 교수 학습 자료를 제시하여 한 사건을 다각도로 성찰하게 한다.

다른 사람을 위해 봉사하면 내가 살아난다

사회정서학습에는 봉사 학습도 포함되어 있다. 봉사 학습은 수업에서의 학습 목표와 지역사회에서 하는 활동을 연계한다. 학생들은 수업과 관련된 봉사활동을 통해 지역사회에 필요한 서비스를 제공한다. 이를 통해 시민의 책무를 경험하고 사회적 요구와 관련된 지식을 쌓을 수 있다.[28] 사회정서학습에서는 봉사활동을 계획하고 실천하는 과정을 통해 타인에 대한 공감력, 자아 효능감, 협력 기술 등을 익히도록 돕는다. 봉사 학습은 여러 사회 정서 기술을 종합적으로 익힌다는 장점이 있을 뿐 아니라 학생들의 학교 적응도는 높이고 문제 행동은 줄이는 효과가 있어 많은 사회정서학습 프로그램에서 적극적으로 활용하고 있다.[29]

일례로 영국의 경우를 살펴보자. 영국의 대표적인 봉사 학습은 NCS National Citizen Service 로, 주로 여름방학을 이용하며 여러 날 합숙도 한다. 공동체 역량을 함양하고 팀워크를 다지는 합숙(5일), 지역사회에 대한 이해 증진과 관련 기술 습득을 위한 합숙(5일)에, 지역 기반 프로젝트를 실행하며 활동하는 시간(30시간)이 이어진 뒤 마지막으로 수료식을 치른다. 이 프로그램은 봉사에 들어가기 전 팀워크를 쌓고 지역 문제를 탐색할 시간을 충분히 준다는 특징이 있다. 이런 봉사 학습을 실행할 때 교사는 학생들이 관계 맺을 수 있는 지역사회의 자원을 충분히 활용할 수 있어야 한다.[30] 이때 '사회정서학습 생태계 SEL ecosystem'라는 개념이 등장한다. 이 개념은 교실뿐만 아니라 학교, 지역사회, 가정 모두 학생들의 사회 정서 역량 향상에 연관되어 있다는 뜻을 담고 있다.[31]

학급 단위에서 프로젝트 학습을 진행한 사례도 있다. 미국 미니애폴리스중학교는 학생들이 대부분 소말리아계 미국인이었다. 이 학교 학생들이 조사해 보니 미니애폴리스의 학교 대부분에서 소말리아어와 영어를 모두 쓰는 이중 언어 아동을 위한 도서를 제공하지 않고 있었다. 이에 학생들은 이중 언어로 된 간단한 그림책을 쓰고, 디자인하고, 인쇄해 학군 내 학교에 나누어 주었다. 이러한 봉사 학습에 참여한 한 학생은 "봉사 학습은 사람들과 소통하고, 마감일을 지키며 일을 처리하는 법을 배우고, 미래를 준비하는 데 도움이 된다. 그리고 문제를 파악하고 해결하는 방법도 배우게 된다."라고 말했다.[32] 이런 봉사 학습을 통해 학습자들이 스스로 지역사회에 보탬이 되는 존재임을 깨닫게 되면 주인의식이 높아진다.[33] 변혁적 사회정서학습에서는 주도성이 높을수록 변혁적 시민이라고 본다.

세계시민은 고대 그리스부터 시작된 개념이지만, 2015년 세계교육포럼과 유엔 '지속 가능 발전 목표'에서 언급된 것을 계기로 그 중요성이 더 부각되었다. 유네스코는 세계시민 교육을 "더 정의롭고, 평화로우며, 관용적이고, 포용적이며, 안전하고, 지속 가능한 세상을 만드는 데 필요한 지식, 기능, 가치와 태도 함양을 목표로 하는 교육적 패러다임"으로 정의하고[34] 세계시민 교육 학습 영역을 인지적 영역, 사회·정서적 영역, 행동 영역으로 분류하여 제시하고 있다. 인지적 영역은 세계와 그 복잡성, 세계의 상호 연계성 및 상호 의존성을 이해하는 데 필요한 지식과 사고 기능을 의미한다. 또 사회·정서적 영역은 가치와 태도, 사회적 기능을 의미한다. 그리고 행동 영역은 행위, 수행, 실천 및 참여, 즉 실천적 행위를 강조하는 영역이다. 특히 사회·정서적 영역에서는 사회적 기능을 더불어 사는 사회에서 타인의 감정과 권리를 존중하는 민주 시민에게 요구되는 기능으로 정의하면서 이를 위해 배려, 존중, 연대 등이 필요하다고 나와 있다.[35] 세계시민 교육에서 사회적 기능을 강조하는 점은 사회정서학습과 세계시민 교육이 연결되는 예시가 될 수 있다. 유네스코 역시 세계시민 교육과 사회정서학습을 연관해 실천할 것을 권고하고 있다.

우즈베키스탄 바쿠경영대학의 샤브남 아가시 아흐마도바 Shabnam Agasi Ahmadova 는 앞서 언급한 봉사 학습과 문화 교환 프로그램 등이 사회정서학습을 통한 세계시민 교육이 될 수 있다고 했다.[36] 예를 들어 다른 사람을 바라보고 눈을 맞추는 것조차 문화적 배경에 따라 다른 규범이 적용된다는 것을 알 필요가 있다. 미국 문화에서는 눈을 마주치지 못하면 자신감이 없다고 여긴다. 한편 이슬람 문화권인 중동에서는 남녀 간에 눈 맞춤을 할 때 엄격한 규칙에 따라야 한다. 아시아에서는 눈 맞춤이 권위에 대한 도전으로 받아들여지기도 한다.[37] 문화마다 다른 문화적 규범을 알고 이와 관련된 가치와 태도를 갖추는 것은 사회정서학습 관계 기술 영역의 학습 주제이자 세계시민 교육의 실천이라 할 수 있다.

사회정서학습으로 민주주의를 지킨다

1944년 이탈리아에 살고 있던 유대인 화학 기술자 프리모 레비Primo Levi는 폴란드의 아우슈비츠 수용소로 끌려갔다. 수용소는 그와 같이 도착한 650명 중 단 20명만이 생존했을 정도로 가혹한 환경이었지만, 레비는 천신만고 끝에 살아남았다. 이후 아우슈비츠에서 겪었던 일을 『이것이 인간인가』라는 책에 담았다. 이 책에서 레비는, 실패한 화가이자 실패한 건축가였던 히틀러가 분노와 좌절로 인한 질투심을 유대인에게 쏟아부었다고 분석했다.[38]

전체주의 정권을 수립한 히틀러는 2차대전을 일으키고 유대인을 학살했다. 패망 후 독일인들은 무엇이 잘못되었는지, 과거에서 무엇을 배워야 하는지 질문하기 시작했다. 어떻게 하면 이런 비극이 또다시 생겨나는 것을 막을 수 있을까? 그런 논의들이 모여 1976년 독일의 민주 시민 교육 원칙인 보이텔스바흐 합의를 이끌어 냈고 이에 따라 독일에서는 시민교육이 강화되었다. 현재 독일의 시민교육은 전체주의와 독재를 철저히 경계하고 민주주의를 지향하는 방향으로 실행되고 있다.

그런데 독일에서는 최근 새로운 움직임이 나타나고 있다. 감정, 그중에서도 외로움에 주목하기 시작한 것이다. 미국 캘리포니아 공대 연구진에 따르면, 만성적인 외로움은 뇌 생성 화학물질에 변화를 주어 두려움과 관련된 특정 단백질을 더 많이 생성하게 하고 공격성을 유발한다. 그래서 점차 배타적인 공동체에 이끌리게 될 수 있다. 또한 외로움이 클수록 정치와 사법에 대한 신뢰도가 낮은 것으로 나타난다. 정치와 사법에 대한 불신이 커지면 사회적 유대감이 낮아지기 쉽다.[39] 정치학자 해나 아렌트는 『전체주의의 기원』에서 '외로움'을 전체주의의 조건이라고 보았다.[40] 그래서 독일은 외로움 문제에 정책적으로 적극 개입하고 있다. 독일뿐만이 아니다. 영국도 외로움부 장관을 두고 외로움 문제에 대처하고 있다.[41]

2025년에 서울대 보건대학원 '건강 재난 통합 대응을 위한 교육 연구단'이 만 18세 이상 성인 남녀 1500명을 대상으로 한 조사에서 응답자의 약 43퍼센트가 외로움을 느낀다고 응답했다.[42] 또 2025년 초등교사노동조합이 어린이날을 맞아 전국 17개 시도 초등학교 3~6학년 1844명을 대상으로 진행한 조사에서는 어린이날 선물로 가장 받고 싶은 선물 2위가 '가족과 함께 보내는 시간'으로 나타났다.[43] 이는 학교에서 사회정서학습을 실시하는 것이 필수적일 뿐만 아니라 가정과 사회에서도 이에 적극적으로 동참하는 것이 필요함을 시사한다. 학생들과 성인들의 사회 정서 역량을 키우는 것이 우리가 어렵게 이룩한 민주주의를 지키는 길이 아닐까?

부록

사회정서학습을
처음 시작하는 교사들이
자주 묻는 질문들

— 최와니

질문 1 사회정서학습은 감정 조절이 미흡하거나 문제 행동이 있는 학생들만을 위한 것인가?

답 아니다. 사회정서학습은 수학이나 국어처럼 모든 학생에게 필요한 보편적 교육이다. 자신의 감정을 이해하고 다른 사람과 건강하게 관계 맺는 능력은 누구에게나 꼭 필요한 기본 소양이기 때문이다. 실제로 평소 착하고 성실한 학생도 진로 고민으로 스트레스를 받을 때 감정 조절법을 모르면 힘들어하고, 친구들과의 갈등 상황에서 어떻게 대화해야 할지 몰라 관계가 악화되기도 한다. 사회정서학습은 이런 일상의 상황들을 더 잘 헤쳐 나갈 수 있도록 모든 아이의 '마음 근육'을 기르는 교육이다.

질문 2 사회정서학습은 인성 교육이나 회복적 생활교육과 어떻게 다른가?

답 인성 교육은 주로 도덕적 가치와 규범을 가르치는 데 중점을 두고, 회복적 생활교육은 문제 발생 후 관계를 회복하는 데에 초점을 맞춘다면, 사회정서학습은 감정과 사회적 기술을 체계적으로 배우고 연습하는 데 목적이 있다. 예를 들어 '정직해야 한다'는 가치를 가르치는 것이 인성 교육이라면, 사회정서학습에서는 '화가 날 때 진정하는 법' '상대방의 입장에서 생각해 보는 법' 등 구체적인 방법을 배운다.

물론 이 3가지는 서로 연결되어 있다. 사회정서학습으로 감정 조절 능력과 공감 능력을 기르면 자연스럽게 도덕적 행동으로 이어지고, 갈등 예방과 관계 회복에도 도움이 된다. 결국 아이들의 전인적 성장을 위해 서로 보완하며 함께 이루어져야 할 교육들이다.

질문 3 사회정서학습은 학업 성취와 어떤 관계가 있나?

답 사회정서학습과 학업 성취는 서로 긍정적인 영향을 준다. 감정을 잘 조절할 줄 아는 학생은 시험 불안을 관리하며 집중력을 유지할 수 있고, 좌절 상황에서도 포기하지 않고 끝까지 해내는 힘이 있다. 또 친구들과 좋은 관계를 맺는 학생은 협력 학습에 더 적극적으로 참여하여 서로 도우며 함께 성장할 수 있다.

실제로 많은 연구에서 사회정서학습을 체계적으로 교육받은 학생들의 학업 성취도가 향상되었다고 보고한다. 수학 문제를 끝까지 풀어내는 인내심, 발표할 때의 자신감, 모둠 활동에서의 협력 능력 모두 사회 정서 역량과 직결되기 때문이다. 마음이 건강해야 공부도 잘할 수 있다.

질문 4 눈에 보이지 않는 사회정서학습의 효과를 어떻게 평가하고 측정할 수 있나?

답 사회 정서 역량은 행동 변화를 통해 관찰할 수 있다. 예를 들어 화가 난 상황에서 예전에는 소리를 지르던 아이가 이제는 심호흡을 하며 차분히 이야기하거나, 친구와 의견이 다를 때 자신의 생각을 적절히 표현하고 상대방의 말도 경청하는 모습을 보인다면 성장의 증거이다.

구체적으로는 학생 자기 평가지, 동료 관찰 기록, 갈등 상황 대처 사례 수집, 학급 분위기 변화 관찰 등 다양한 방법을 활용할 수 있다. '이번 주에 친구와 갈등이 생겼을 때 어떻게 해결했나요?' '모둠 활동에서 어려운 점이 있을 때 어떤 감정이 들었고 어떻게 대처했나요?' 같은 구체적인 질문들로 아이들 스스로 성찰하게 하는 것도 좋은 평가 방법이다.

질문5 사회정서학습을 전문 상담사가 아니라 일반 교사가 가르칠 수 있나?

답 아이들과 가장 많은 시간을 보내는 담임 선생님이나 교과 선생님들이 사회정서학습에서 핵심 역할을 한다. 전문 상담사가 심각한 문제가 있는 개별 학생을 도와주는 역할을 한다면, 교사는 모든 학생의 일상적인 사회 정서 역량을 기르는 역할을 한다.

선생님들이 이미 하고 있는 일 중 많은 부분이 사회정서학습이다. 아이들의 감정에 공감해 주고, 친구들과 잘 지낼 수 있도록 도와주고, 어려운 상황을 함께 해결해 나가는 것 모두가 사회정서학습이라 할 수 있다. 이를 조금 더 체계적으로, 의도적으로 접근한다면 더 큰 효과를 낼 수 있다. 완벽한 전문가가 되어야 한다는 부담은 내려놓고 아이들과 함께 성장한다는 마음으로 시작하면 된다.

질문 6 디지털 환경에서도 사회정서학습이 가능한가?

답 충분히 가능하다. 온라인 수업에서 채팅 창을 통해 감정 표현하기, 화상회의에서 서로의 표정과 목소리 톤 읽기, 협력 도구를 활용한 프로젝트에서 역할 분담하고 소통하기 등이 모두 사회정서학습의 기회가 될 수 있다. 특히 요즘 아이들이 많이 사용하는 메신저나 소셜 미디어에서의 건전한 소통 방법, 사이버 괴롭힘 예방, 디지털 기기 사용 시간 조절 등은 오늘날 꼭 필요한 사회 정서 역량이다. 또한 인공지능 챗봇을 활용한 감정 일기 쓰기, VR를 통한 상황별 대처 체험, 온라인 협력 게임을 통한 팀워크 기르기 등에서 보듯 새로운 기술들도 사회정서학습에 효과적으로 활용할 수 있다.

질문 7 사회정서학습을 실행할 때 흔히 범하는 실수는 무엇인가?

답 가장 흔한 실수는 '가르치기만 하고 연습할 기회를 주지 않는 것'이다. 감정 조절 방법에 대해 아무리 설명을 많이 들어도 실제 화가 나는 상황에서 연습해 보지 않으면 소용이 없다. 마치 수영을 책으로만 배우고 물에 들어가지 않는 것과 같다. 일상에서 일어나는 크고 작은 갈등 상황들을 모두 학습 기회로 활용해야 한다.

또 다른 실수는 '문제가 생겼을 때만 하는 것'이다. 사회정서학습은 예방 교육이 더 중요하다. 평소에 꾸준히 감정 인식 능력을 기르고 소통 기술을 연습해야 실제 곤란한 상황에서 그 능력을 발휘할 수 있기 때문이다. 그리고 교사 혼자서만 하려고 하지 말고 학생들, 동료 교사들, 학부모들과 함께하는 것이 중요하다.

질문 8 가정과 연계한 사회정서학습 방법에는 어떤 것들이 있나?

답 가정에서는 무엇보다 일상 대화를 통한 감정 나누기가 중요하다. "오늘 학교에서 어떤 기분이었어?" "그때 어떤 생각이 들었을까?" 같은 질문으로 아이의 감정을 들어 주고 공감해 주는 것만으로도 큰 도움이 된다. 또한 아이가 학교에서 배우는 사회정서학습 내용에 관심을 갖고, 학교에서 보내오는 안내장이나 소식지를 통해 어떤 기술들을 배우고 있는지 파악한 후 집에서도 그 방법들을 아이와 함께 연습해 보는 방법도 있다.

예를 들어 학교에서 '화가 날 때 10까지 세기' 방법을 배웠다면 집에서도 실제 상황에서 해 보거나, 감정 단어 표현하기를 배웠다면 가족끼리 다양한 감정 표현을 연습해 볼 수 있다. 이 외에도 가족회의 시간을 정기적으로 갖기, 감정 온도계나 기분 일기 함께 써 보기, 가족 구성원의 강점 찾아 격려하기, 집안일을 함께 하며 협력하는 방법 배우기 등을 실천할 수 있다. 무엇보다 부모님이 먼저 자신의 감정을 솔직하게 표현하고 건전한 소통의 모델이 되어 주는 것이 가장 효과적인 사회정서학습이다.

질문 9 학급 단위가 아닌 사회 전체 차원에서 사회정서학습을 어떻게 실행할 수 있을까?

답 사회 전체의 사회정서학습은 '마을이 아이를 기른다'는 관점에서 접근할 수 있다. 학교와 가정뿐만 아니라 지역사회, 기업, 정부 기관이 모두 함께 참여하는 것이다. 예를 들어 지역 도서관에서 감정 관련 책 읽기 프로그램을 운영하거나, 동네 상점에서 아이들에게 인사하기와 고마움 표현하기를 실천하고, 공공기관에서 시민 대상 소통 교육을 제공할 수 있다.

또한 미디어에서 건전한 갈등 해결 과정을 보여 주고, 기업에서 직장 내 사회 정서 역량 교육을 실시하며, 정책적으로 사회정서학습을 지원하는 시스템을 만드는 것도 중요하다. 궁극적으로는 우리 사회 전체가 서로를 이해하고 배려하며, 건설적으로 소통하는 문화를 만들어 가는 것이 목표이다. 작은 변화들을 모아 큰 변화를 만들어 낼 수 있다.

마치며

학교는 아이들의 '성장과 발달'이 일어나는 곳이어야 한다. 아이들의 발달 과정에 적합하고 필요한 것을 제공하고자 노력해야 한다. 그래서 사회정서학습의 기원으로 늘 거론되는 커머스쿨프로그램Comer School Program 의 초기 이름도 '발달development'과 관계있다. 학교는 학생의 발달을 '저해'하거나 '왜곡된 발달'이 일어나게 해서는 안 된다.

'좋은 발달을 위해 꼭 필요한 가르침과 배움은 무엇인가?' 하는 것은 사회정서학습의 본질적 질문이다. 아이들이 건강하고 책임감 있는 시민으로 성장하는 데에 필요한 것이 무엇인지 끊임없이, 유연하게 탐색하는 일은 교사의 중요한 일이기도 하다. 지금도 많은 교사는 어떻게 발달에 기여할지 연구하고 있다.

사회정서학습은 현재의 삶과 유리되지 않은, 지금의 공동체와 단절되지 않는 가르침과 배움을 추구하는 사람들을 통해 전파되고 확장되어 왔다. 『EQ 감성지능』과 『SQ 사회지능』의 저자 대니얼 골먼은 사회정서학습의 필요를 알리고 이를 제도화, 대중화하는 데에 크게 기여했다. 또한 최근 예일대 아동연구센터의 마크 브래킷은 『감정의 발견』을 통해 어린이, 청소년뿐 아니라 성인에게도 사회정서학습이 필요하다는 것을 알렸다. 이제 사회정서학습의 성공적 안착을 위해서는 부모와 교사의 사회정서학습이 필요하다는 인식이 널리 퍼졌다.

2019년 카셀은 변혁적 사회정서학습의 패러다임을 통해 다양성과 평등의 가치를 강조하는 새 기조를 알렸다. 민주주의를 더욱 공고히 하고 공동체의 소통과 평화를 확보하는 데에 이 두 가치가 매우 중요하다고 제안한 것이다. 이에 현재 변혁적 사회정서학습에 대한 이해와 토론이 확산되고 있다. 사회구조의 변화는 학교에 큰 영향을 미치기 때문에 그런 변화를 교육과정에 포함하는 것은 중요하다. 카셀은 이를 잘 알고 실천하고 있다.

우리나라는 경쟁과 서열, 획일적 입시의 영향에서 벗어나고자 하는 시도가 충분히 성공하지 못하고 있다. 그로 인해 많은 학생과 교사, 학부모가 상처를 받고 있다. 이런 상황에서 사회정서학습은 새로운 필요를 이해시키고 교육을 성찰하는 데에 유용할 것이다. 그리고 아이들이 제대로 '발달'하는 데에 도움이 될 것이다.

'관계의 심리학을 연구하는 교사단'에서 함께 몇 년간 공부해 온 결과를 협력적으로 나누고자 이 책을 공동으로 집필했다. 각자의 목소리를 내면서도 함께 의미를 담기 위해 노력했다. 이 첫걸음을 시작으로 다양한 '함께 걷기'의 시도가 일어나기를 기대한다. 앞으로 더 좋은 작업과 그 결과가 우리 학교와 교사 사회에 넘쳐 나기를 기대한다.

그간 함께해 주신 모든 선생님께 감사의 말씀을 드리며, 이 책이 새로운 교육적 상상력과 실행력에 영감의 산실이 되기를 기원한다.

김현수

주

서론

1) Durlak, J. A., Weissberg, R. P., Dymnicki, A. B., Taylor, R. D., & Schellinger, K. B. (2011). The impact of enhancing students' social and emotional learning: A meta-analysis of school-based universal interventions. *Child Development*, 82(1), 405-432. pp.417-418.

1장

1) CASEL. (n.d.). About CASEL. Our history. https://casel.org/about-us/our-history/ 2025년 5월 검색
2) CASEL. (n.d.). Fundamentals of SEL. https://casel.org/fundamentals-of-sel/ 2025년 5월 검색
3) 김윤경, 『사회정서학습』, 다봄교육, 2023, 20-21쪽.
4) Elias, M. J., Zins, J. E., Weissberg, R. P., Frey, K. S., Greenberg, M. T., Haynes, N. M., Kessler, R., Schwab-Stone, M. E., & Shriver, T. P. (1997). Promoting social and emotional learning: Guidelines for educators. Association for Supervision and Curriculum Development (ASCD). pp.1-3. https://earlylearningfocus.org/wp-content/uploads/2019/12/promoting-social-

and-emotional-learning-1.pdf 2025년 5월 검색

5) CASEL. (n.d.). Fundamentals of SEL. https://casel.org/fundamentals-of-sel/ 2025년 5월 검색

6) CASEL. (n.d.). What is the CASEL framework? https://casel.org/fundamentals-of-sel/what-is-the-casel-framework/ 2025년 5월 검색

7) CASEL. (n.d.). What is the CASEL framework? https://casel.org/fundamentals-of-sel/what-is-the-casel-framework/ 2025년 5월 검색

8) 김효정, 「사회정서교육의 성공적인 학교 정착을 기대하며」, 《에듀프레스》, 2024.11.18. https://www.edupress.kr/news/articleView.html?idxno=12387 2025년 5월 검색

9) CASEL. (2020). CASEL's SEL framework: What are the core competence areas and where are they promoted? https://casel.org/casel-sel-framework-11-2020/ 2025년 5월 검색

10) Durlak, J. A., Domitrovich, C. E., Weissberg, R. P., & Gullotta, T. P. (Eds.). (2015). *Handbook of social and emotional learning: Research and practice.* Guilford Press. pp. 23-24

11) CASEL. (n.d.). How does SEL support educational equity and excellence? Transformative SEL. https://casel.org/fundamentals-of-sel/how-does-sel-support-educational-equity-and-excellence/ 2025년 5월 검색

12) UNESCO MGIEP. (n.d.). Rethinking learning: Summary for decision makers. https://mgiep.unesco.org/article/rethinking-learning-summary-for-decision-makers 2025년 5월 검색

13) 유네스코 마하트마 간디 지속가능발전 및 평화교육센터(UNESCO MGIEP). (2020). Rethinking learning: A review of social and emotional learning for education systems. https://mgiep.unesco.org/rethinking-learning 2025년 5월 검색

14) UNESCO MGIEP. (n.d.). EMC^2 in the time of corona. https://mgiep.unesco.org/article/emc2-in-the-time-of-corona-with-apologies-to-love-in-

the-time-cholera 2025년 5월 검색

15) 국가교육과정정보센터. (n.d.), 교육과정 자료실, https://ncic.re.kr/dwn/ogf/inventory.cs/ 서울특별시교육청. (n.d.). 2022 개정 교육과정의 이해. https://www.sen.go.kr/www/eduinfo/edumaterial/curriculum/curriculum_1.jsp 2025년 5월 검색

16) Harvard Graduate School of Education. (n.d.). Explore SEL frameworks. http://exploresel.gse.harvard.edu/frameworks/ 2025년 5월 검색

17) Durlak, J. A., et al, op. cit. pp.20-32.

18) Blueprints for Healthy Youth Development. (n.d.). Raising healthy children. https://www.blueprintsprograms.org/programs/369999999/raising-healthy-children/print/ 2025년 5월 검색

19) CARE Program. (n.d.). CARE Program overview. https://createforeducation.org/care/care-program/ 2025년 5월 검색

20) Roots of Empathy. (n.d.). Roots of Empathy Programs. https://rootsofempathy.org/programs/roots-of-empathy/ 2025년 5월 검색

21) PATHS Program guide. (n.d.). Promoting Alternative Thinking Strategies (PATHS). https://pg.casel.org/promoting-alternative-thinking-strategies-paths/ 2025년 5월 검색

22) Center on the Social and Emotional Foundations for Early Learning. (n.d.). The turtle techniques. https://challengingbehavior.org/docs/TurtleTechnique_steps.pdf 2025년 5월 검색

23) Too Good Programs. (n.d.). Too Good for Drugs. https://toogoodprograms.org/collections/too-good-for-drugs 2025년 5월 검색

24) Committee for Children. (n.d.). Digital K-12 Curriculum for school communities. https://www.secondstep.org/digital-k-12-curriculum 2025년 5월 검색

2장

1) CASEL. (n.d.). Social and emotional learning for Illinois students: Policy, practice and progress. p.71. https://casel.s3.us-east-2.amazonaws.com/social-and-emotional-learning-for-illinois-students.pdf 2025년 5월 검색
2) CASEL. (n.d.). Social and emotional learning for Illinois students: Policy, practice and progress. pp.72-74. https://casel.s3.us-east-2.amazonaws.com/social-and-emotional-learning-for-illinois-students.pdf 2025년 5월 검색
3) Chicago Public Schools. (2013). Transition Plan as of July 12, 2013. https://schoolinfo.cps.edu/SchoolActions/Download.aspx?fid=3022
4) CASEL. (2024.9.17.). More than 8 out of 10 U.S. schools implement SEL, nearly all states have supportive policies. CASEL News. https://casel.org/more-than-8-out-of-10-u-s-schools-implement-sel-nearly-all-states-have-supportive-policies/ 2025년 5월 검색
5) 김윤경, 『사회정서학습』, 다봄교육, 2023, 30쪽.
6) UNESCO MGIEP. (n.d.). UNESCO MGIEP 홈페이지. https://mgiep.unesco.org/ 2025년 5월 검색
7) 유네스코 국제미래교육위원회, 『함께 그려 보는 우리의 미래 2021: 교육을 위한 새로운 사회계약』, 이현경 옮김, 유네스코, 2021, 74-76쪽.
8) UNESCO MGIEP. (2024). Mainstreaming social and emotional learning in education systems: Policy guide. UNESCO. pp.5-6. https://www.unesco.org/en/articles/mainstreaming-social-and-emotional-learning-education-systems-policy-guide 2025년 5월 검색
9) Helliwell, J. F., Layard, R., Sachs, J. D., De Neve, J.-E., Aknin, L. B., & Wang, S. (Eds.). (2024). World happiness report 2024. Wellbeing Research Centre, University of Oxford. https://worldhappiness.report/ed/2024/ Inside Denmark. (n.d.). '덴마크, 2024년 세계에서 2번째로 행복한 나라… 노인 행복은 세계 1위?'

https://insidedenmark.com/denmark-is-the-second-happiest-country-in-2024/ 2025년 5월 검색
10) Healthcare DENMARK. (2021). Approaching mental health the Danish way. https://healthcaredenmark.dk/media/dlvjausv/3i-mental-health-pdf-kr.pdf 2025년 5월 검색
11) 제시카 조엘 알렉산더, 『행복을 배우는 덴마크 학교 이야기』, 고병헌 옮김, 생각정원, 2019.
12) Peace Education Campaign. (2019.6.22.) '감정 이입? 덴마크에서는 학교에서 배웁니다.' https://www.peace-ed-campaign.org/ko/empathy-in-denmark-theyre-learning-it-in-school/ 2025년 5월 검색
13) 제시카 조엘 알렉산더, 위의 책.
14) Let's Care Project. (n.d.). The Danish way: Klassens Tid – Aspects of building democracy in Danish schools. https://letscareproject.eu/jprogramme/the-danish-way-klassens-tid-aspects-of-building-democracy-in-danish-schools/ 2025년 5월 검색
15) Alexander, J. J. (2016.8.9.). Teaching kids empathy: In Danish schools, it's ... weoo, it's a piece of cake. Salon. https://www.salon.com/2016/08/09/teaching-kids-empathy-in-danish-schools-its-well-its-a-piece-of-cake/ 2025년 5월 검색
16) CAT-kit. (n.d.). Functions of the CAT-kit. https://cat-kit.com/en-gb/functions 2025년 5월 검색
17) Department for Education. (2019). Relationships Education, Relationships and Sex Education (RSE) and Health Education: Statutory guidance for governing bodies, proprietors, head teachers, principals, senior leadership teams, teachers. UK Government. p.8. https://www.gov.uk/government/publications/relationships-education-relationships-and-sex-education-rse-and-health-education 2025년 5월 검색
18) PSHE Association. (2020). Programme of study for PSHE education (Key

stages 1-5). PSHE Association. https://pshe-association.org.uk/guidance/ks1-5/planning/long-term-planning 2025년 5월 검색

19) Department for Education. (2019). Relationships Education, Relationships and Sex Education (RSE) and Health Education: Statutory guidance for governing bodies, proprietors, head teachers, principals, senior leadership teams, teachers. UK Government. pp.19-25. https://www.gov.uk/government/publications/relationships-education-relationships-and-sex-education-rse-and-health-education 2025년 5월 검색

20) 심재웅 외, 「디지털 사회에서의 미디어리터러시 지수 개발 연구」, 미디어미래연구소, 2020, 21-24쪽. https://www.kcc.go.kr 2025년 5월 검색

21) PSHE Association. (2020). Planning framework for pupils with SEND. PSHE Association.

22) PSHE Association. (n.d.). What is PSHE education? PSHE Association. https://pshe-association.org.uk/what-is-pshe-education 2025년 5월 검색

23) Ofsted. (2022). Office for Standards in Education, Children's services and skills annual report and accounts 2021-2022. https://www.gov.uk/government/publications/ofsted-corporate-annual-report-and-accounts-2021-to-2022/office-for-standards-in-education-childrens-services-and-skills-annual-report-and-accounts-2021-22 2025년 6월 검색

24) 성장학교 별. (n.d.), 성장학교 별 소개, 대안교육연대, https://www.fos.or.kr/성장학교별, 2025년 5월 검색

25) 이은주, 「꿈이 있기에 우리는 전부 빛나_성장학교 별」, 《한겨레》, 2023.05.19. https://www.hani.co.kr/arti/society/schooling/1092504.html 2025년 5월 검색

26) 성장학교 별, 교육과정 자료집, 2019, 내부 문서.

27) 성장학교 별 대안교과서개발위원회, 『뜨거운 감자: 분노조절 훈련 프로그램』, 삼성꿈장학재단, 2010.

28) 성장학교 별 대안교과서개발위원회, 『갈등요리법』, 삼성꿈장학재단, 2010.

29) 성장학교 별 대안교과서개발위원회, 『반.하.우.』, 삼성꿈장학재단, 2010.

3장

1) CASEL. (2023). Fundamentals of SEL. https://casel.org/fundamentals-of-sel/what-is-the-casel-framework/#self-awareness/, 2025년 5월 검색
2) 대니얼 골먼, 『EQ 감성지능』, 한창호 옮김, 웅진지식하우스, 2008, 100쪽에서 재인용.
3) 대니얼 골먼, 위의 책, 100쪽.
4) CASEL. https://casel.org/fundamentals-of-sel/how-does-sel-support-educational-equity-and-excellence/transformative-sel/, 2025년 5월 검색
5) Bandura, A. (1997). Self-efficacy: The exercise of control. New York: Freeman. p.3
6) 캐럴 드웩, 『마인드셋』, 김준수 옮김, 스몰빅라이프, 2017, 22쪽.
7) 김현수, 『사춘기 마음을 통역해 드립니다』, 미류책방, 2023, 59쪽.
8) Hannigan, J. D., & Hannigan, J. E. (2020). SEL from a distance: Tools and processes for anytime, anywhere [kindle version]. California: Corwin. 참고한 내용은 제2장 Digging into SEL.
9) Hannigan, J. D., & Hannigan, J. E. (2020). 이 표는 제7장 Self-awareness tools and processes에 제시된 내용을 참고하여 필자가 재구성한 것임.
10) CASEL. (n.d.). RULER Approach. Program guide: Effective social and emotional learning programs. https://pg.casel.org/ruler-approach/ 2025년 5월 검색
11) 마크 브래킷, 『감정의 발견』, 임지연 옮김, 북라이프, 2020, 110~114쪽.
12) 마크 브래킷, 위의 책, 161쪽.
13) CASEL. (2023). Fundamentals of SEL. https://casel.org/fundamentals-of-sel/what-is-the-casel-framework/#self-management/ 2025년 5월 검색
14) Durlak, J. A., Weissberg, R. P., Dymnicki, A. B., Taylor, R. D., & Schellinger, K. B. (2011). The impact of enhancing students' social and emotional learning: A meta-analysis of school-based universal interventions. *Child Development*, 82(1), 405-432, p.417.
15) 서울특별시교육청 교육연구정보원·교육정책연구소, 「OECD 사회정서역량 조사

결과 보고서 요약본」, 2021, 5쪽.
16) Committee for Children, Second Step Program, https://www.secondstep.org/ 2025년 5월 검색
17) 서울특별시교육청 교육연구정보원·교육정책연구소, 위의 글, 3쪽.
18) Robert J. Jagers et al., Transformative social and emotional learning: In pursuit of educational equity and excellence, *American Educator*, Summer 2021, p.13.
19) 마크 브래킷, 위의 책, 234-235쪽.
20) https://www.secondstep.org/success-stories/washington-dc-becoming-problem-solvers-with-second-step-program / 2025년 5월 검색
21) Hannigan, J. D., & Hannigan, J. E. (2020). 이 표는 제6장 Self-management tools and processes에 제시된 내용을 참고하여 필자가 재구성한 것임.
22) CASEL. (2023). Fundamentals of SEL. https://casel.org/fundamentals-of-sel/what-is-the-casel-framework/#social-awareness/ 2025년 5월 검색
23) What is social intelligence?, *Greater Good Magazine*, UC Berkeley Greater Good Science Center, https://greatergood.berkeley.edu/article/item/what_is_social_intelligence./ 2025년 5월 검색
24) 대니얼 J. 시겔·티나 페인 브라이슨, 『예스 브레인 아이들의 비밀』, 안기순 옮김, 김영사, 2019, 218~221쪽.
25) Yale Center for Emotional Intelligence. (n.d.). The RULER approach: The RULER tools. https://rulerapproach.org/about/what-is-ruler/ 2025년 5월 검색
26) Hannigan, J. D., & Hannigan, J. E. (2021). 이 표는 제5장 Social awareness tools and processes에 제시된 내용을 참고하여 필자가 재구성한 것임.
27) CASEL. (2023). Fundamentals of SEL. https://casel.org/fundamentals-of-sel/what-is-the-casel-framework/#relationship/ 2025년 5월 검색
28) 존 폴 레더락, 『갈등전환』, 박지호 옮김, 대장간, 2014, 30쪽.
29) Hannigan, J. D., & Hannigan, J. E. (2020). 이 표는 제3장 Relationship skills tools and processes에 제시된 내용을 참고하여 필자가 재구성한 것임.

30) CASEL. (2023). Fundamentals of SEL. https://casel.org/fundamentals-of-sel/what-i s -the-casel-framework/#responsible
31) Hannigan, J. D., & Hannigan, J. E. (2020). 이 표는 제4장 Responsible decision making에 제시된 내용을 참고하여 필자가 재구성한 것임.
32) 이 장에서 새로운 패러다임에 대한 부분은 다음 자료의 내용을 직접 인용과 요약을 포함하여 정리한 것이다. Elise Cappella, Christina F. Mondi, Sophia H. J. Hwang, and Christine Park, SEL of elementary-age students, in Joseph A. Durlak, Celene E. Domitrovich, and Joseph L. Mahoney (Eds.), *Handbook of social and emotional learning: Research and practice*, (2nd ed.), New York: Guilford Press, 2025, pp.157-167. 내용의 전체적인 이해를 위해 158쪽에 수록된 Figure 12.1: Conceptual framework for social and emotional learning in elementary school도 함께 참고할 것을 권한다.

4장

1) Joseph A. Durlak et al., The impact of enhancing students' social and emotional learning: A meta-analysis of school-based universal interventions, *Child Development* 82, no. 1 (2011): 405.
2) Christina Cipriano et al., The state of evidence for social and emotional learning: A contemporary meta-analysis of universal school-based SEL interventions, *Child Development* 94, no. 5 (2023): 1181.
3) Natasha Raisch et al., SEL Insights: Applying behavioral insights to social and emotional learning programs in global settings, Social and emotional learning: Research, practice, and policy 4 (2024): p.2773에서는 충실도와 시간 배정을 포함한 강력한 실행이 사회정서학습 프로그램 효과성에 기여한다고 보고했으며, Zezhen Wu et al., Measuring the dosage of brief and skill-targeted social-emotional learning (SEL) activities in humanitarian settings, *Frontiers in Psychology* 13 (2023): p.10에서는 사회정서학습 활동의 평균 지속 시간이 길수

록 친사회적 행동과 연관이 있다고 밝혔다.
4) Dr. Theodore T. Alexander Jr. Science Center School(LAUSD), SEL – Monthly Themes, https://alexanderes.lausd.org/apps/pages/index.jsp?uREC_ID=3803441&type=d&pREC_ID=2462506, 2025년 5월 검색
5) Joseph A. Durlak and Emily P. DuPre, Implementation matters: A review of research on the influence of implementation on program outcomes and the factors affecting implementation, *American Journal of Community Psychology* 41, no. 3-4 (2008): 336.
6) Durlak et al. (2011), pp.414 – 415.
7) Cipriano et al. (2023), p.1194.
8) https://casel.org/systemic-implementation/sel-in-the-classroom/ 2025년 5월 검색
9) https://casel.org/systemic-implementation/sel-in-the-classroom를 바탕으로 저자 구성.
10) CASEL (2021). School guide essentials. https://schoolguide.casel.org/content/uploads/sites/2/2019/09/2021.6.15_School-Guide-Essentials.pdf
11) Cohen, J., McCabe, L., Michelli, N. M., & Pickeral, T. (2009). School climate: Research, policy, practice, and teacher education. *Teachers College Record*, 111(1), p.184.
12) 정창우, 「사회정서학습의 이론 체계와 도덕 교육적 함의」, 《도덕윤리과교육》, 38, 2013, 162쪽.
13) 정진, 『회복적 생활교육 학급운영 가이드북』, 피스빌딩, 2016, 152-155쪽.
14) 정진, 『교실을 움직이는 힘, 회복적 생활교육』, 리피스북스, 2024, 60-74쪽.
15) CASEL (2021). School guide essentials. https://schoolguide.casel.org/content/uploads/sites/2/2019/09/2021.6.15_School-Guide-Essentials.pdf
16) CASEL (2021). School guide essentials. https://schoolguide.casel.org/content/uploads/sites/2/2019/09/2021.6.15_School-Guide-Essentials.pdf
17) Wanless, S. B., Groark, C. J., & Hatfield, B. E. (2023). Assessing organizational

readiness. In J. A. Durlak, C. E. Domitrovich, R. P. Weissberg, & T. P. Gullotta (Eds.), *Handbook of social and emotional learning: Research and practice*(2nd ed.), Guilford Press, pp.366-367.

18) 신현숙, 「사회정서학습 시행의 저해 요인과 성공 요건」, 《인문사회21》, 제9권 4호, 2018, 331쪽.

19) 신현숙, 위의 글, 329쪽.

20) Zhang, W., He, E., Mao, Y., Pang, S., & Tian, J. (2023). How teacher social-emotional competence affects job burnout: The chain mediation role of teacher-student relationship and well-being. *Sustainability*, 15(3), 2061. https://doi.org/10.3390/su15032061

21) 신현숙, 위의 글, 328쪽.

22) https://schoolguide.casel.org/resource/frame-coach-reflect/ 2025년 5월 검색

23) https://schoolguide.casel.org/resource/frame-coach-reflect/ 바탕으로 저자 구성

24) 신현숙, 위의 글, 329쪽.

25) Taylor, R. D., Oberle, E., Durlak, J. A., & Weissberg, R. P., Promoting positive youth development through school-based social and emotional learning interventions: A meta-analysis of follow-up effects, *Child Development*, 88(4), 2017, p.1156.

5장

1) 대니얼 J. 시겔·티나 브라이슨, 『아직도 내 아이를 모른다』, 김아영 옮김, 알에이치코리아, 2020, 201쪽. 마인드 사이트는 자신과 타인의 마음을 감지하는 능력이다. 자신은 물론 타인의 생각, 기분, 감각, 신념, 태도 등 마음의 기본 요소를 들여다볼 수 있다. 언어 정보는 타인을 이해하는 여러 방법 중 하나이며, 비언어적 의사소통에 민감하게 반응하면 아이들을 더 잘 이해할 수 있고, 아이들의 시각을 고려하고 공감하는

데 도움이 된다. 대니얼 J. 시겔·메리 하첼 『부모의 내면이 아이의 세상이 된다』, 신유희 옮김, 페이지2, 2025, 17-18쪽.
2) https://www.ukindependentschoolsdirectory.co.uk/no-significant-learning-can-occur-without-a-significant-relationship-dr-james-comer-1995-case-study-james-kendall-ics-london/

6장

1) 김기윤 외, 『한국형 사회정서 프로그램-초등 저학년용』(교사용 지도서), 교육부, 2024, 7쪽.
2) 교육부, 「한국형 사회정서교육 프로그램 총론」, 2024, 6쪽.
3) Carol A. Kusché, Ph.D, Mark T. Greenberg, Ph.D, Conduct Problems Prevention Research Group(2011) PATHS Grade 1 module preview-curriculum manual 목차
4) 교육부, 『2022 초등학교 1학년 1학기 수학 교사용 지도서』, 2024, 참고.
5) 김기윤 외, 위의 책, 23쪽.
6) 「2022년 학생 건강 검사 및 청소년 건강 행태 조사 결과 발표」, 교육부 보도 자료, 2023. https://www.moe.go.kr/boardCnts/viewRenew.do?boardID=294&boardSeq=94695&lev=0&m=0201

7장

1) 성동광진교육지원청(2021. 5) 정보 공시. 특수교육대상학생 비율 관내: 1.04%, 본교: 4.86%으로 5배 내외의 높은 수치임.
2) 서울특별시교육청 교육연구정보원, 「학생사회정서역량 강화를 위한 심리지원정책 발전 방안」, 2021, 5쪽.
3) 황윤한·조영임, 『개별화 수업 이해와 적용』, 교육과학사, 2005.
4) 정제영, 『4차 산업시대 학교교육의 전망과 과제』, 한국교육개발원, 2017.

5) 이원희·김명희, 「신경다양성 개념을 적용한 통합교육 실행연구」, 《통합교육연구》, 17(1), 217-249쪽, 2022.
6) 백예은, 「초등학교 고학년 학생의 사회정서역량 척도 개발 및 타당화」, 이화여자대학교 특수교육대학원 박사 학위 논문, 2020.

8장

1) 정빛나 기자, 「문학동네, 한강 수상소감 우리말 원문 공개」, 《연합뉴스》, 2024.12.12.
2) 이지선, 『꽤 괜찮은 해피엔딩』, 문학동네, 2022, 75쪽.
3) 이지선, 위의 책, 2쪽.

9장

1) Jagers, R. J., Rivas-Drake, D., & Williams, B. (2019). Transformative social and emotional learning (SEL): Toward SEL in service of educational equity and excellence. *Educational Psychologist*, 54(3), pp.162-184.
2) Understanding racial trauma, the mental and emotional injury of racism 2023.2.16.
https://edition.cnn.com/2023/02/16/health/racial-trauma-meaning-symptoms-wellness
3) Banks, J. A. (2017). Failed citizenship and transformative civic education. *Educational Researcher*, 46(7), pp.366-377.
4) https://casel.org/fundamentals-of-sel/how-does-sel-support-educational-equity-and-excellence/transformative-sel/#:~:text=%E2%80%9CTransformative%20SEL%E2%80%9D%20is%20a%20form%20of%20SEL,lead%20to%20personal%2C%20community%2C%20and%20societal%20well%2Dbeing.
5) Jagers, R. J., Rivas-Drake, D., & Williams, B. 위의 글, 위의 쪽.

6) https://www.aft.org/ae/summer2021/jagers_skoog-hoffman_barthelus_schlund, Transformative social and emotional learning in pursuit of educational equity and excellence by Robert J. Jagers, Alexandra Skoog-Hoffman, Bloodine Barthelus, Justina Schlund
7) Kwan, M. P. (2008). From oral histories to visual narratives: Re-presenting the post-september 11 experiences of the muslim women in the USA. *Social & Cultural Geography*, 9(6), pp.653-669.
8) Jagers, R. J., Rivas-Drake, D., & Williams, B. 위의 글, 위의 쪽.
9) 김예슬·권해수, 「대학생의 사회적 효능감 향상을 위한 긍정정서 프로그램 효과 검증」, 《상담학연구》, 16(6), 2015, 351-367쪽.
10) 김문정, 「뉴스 리터러시가 청소년의 시민적 효능감에 미치는 영향」, 서울대학교 대학원 박사 학위 논문, 2023.
11) 이영원, 「자기 효능감과 집단 효능감, 지역 관여도에 따른 매체 이용과 지역사회 참여 효과에 대한 연구: 전북 지역을 중심으로」, 《지역과 커뮤니케이션》, 21(3), 2017, 29-56쪽.
12) Jagers, R. J., Rivas-Drake, D., & Williams, B. 위의 글, 위의 쪽.
13) 윤옥한, 「개정 교육과정 총론(2022)에 드러난 민주 시민 교육 의미 탐색」, *The Journal of the Convergence on Culture Technology* (JCCT), 2024, 10(4), pp.33-40.
14) Haidt, J. (2001). The emotional dog and its rational tail: A social intuitionist approach to moral judgment. *Psychological Review*, 108(4), 814.
15) https://teach-sel.com/social-emotional-learning/social-problem-solving/
16) https://teach-sel.com/social-emotional-learning/social-problem-solving/
17) https://teach-sel.com/social-emotional-learning/social-problem-solving/
18) 김윤경, 『사회정서학습』, 다봄교육, 2020, 101쪽.

19) 유발 하라리, 『호모 데우스』, 김명주 옮김, 김영사, 2023.
20) Ennis, R. H. (1985). 김민성, 「로우테크 원격탐사 활동의 교육적 효과-비판적 공간사고력을 중심으로」, 《한국지리환경교육학회지》(구 지리환경교육), 24(4), 2016, 115-130쪽, 재인용.
21) Paths https://content.pathsprogram.com/PATHS_e-previews/grade5-6/index.html Copyright ©2012 Carol A. Kusché, Ph.D., Mark T. Greenberg, Ph.D., & the Conduct Problems Prevention Research Group Paths Grade 5/6 Moduel Preview Curriculum Mamual p.12.
22) https://www.youtube.com/watch?v=XMv8ETPS-HY
23) 차경수·모경환, 『사회과교육』, 동문사, 2008, 133쪽.
24) 차경수·모경환, 위의 책, 273쪽.
25) Hughes and Terrell, 2007; 이상수·김은정·이유나, 「사회과 갈등문제해결을 위한 사회정서학습 모형개발」, 《사회과교육》 52(4), 2013, 121-134쪽, 재인용.
26) https://www.facinghistory.org/resource-library/holocaust
27) https://www.facinghistory.org/resource-library/holocaust
28) 김민성·이창호, 「지리공간기술 기반 봉사학습 프로젝트-지오투어리즘 관점에서의 지역사회 참여」, 《한국지도학회지》 15(3), 2015, 63-77쪽.
29) 김윤경, 위의 책, 101쪽.
30) 박희진, 「봉사학습 사례 분석을 통한 사회정서역량 함양 정책 방안 탐색-영국과 싱가포르를 중심으로」, 《한국교육》, 45(1), 2018, 139-165쪽.
31) https://casel.org/fundamentals-of-sel/what-is-the-casel-framework/
32) https://www.edutopia.org/article/service-learning-fosters-sel/
33) pta.org, Healthy lifes styles, What is service learning
34) 유네스코, 「글로벌시민교육-21세기 인재 기르기」, 유네스코 아시아태평양국제이해교육원, 2014, 14쪽.
35) 유네스코, 「세계시민교육: 학습 주제 및 학습 목표」, 유네스코 아시아태평양국제이해교육원, 2015.
36) Agasi, S. A. (2024). Fostering global citizenship through social-emotional

learning. BBC, 22, 70.
37) Hecht, M. L., & Shin, Y. (2015). Culture and social and emotional competencies. *Handbook of social and emotional learning: Research and practice*. Guilford Publications. pp. 53-54.
38) 프리모 레비, 『이것이 인간인가』, 이현경 옮김, 돌베개, 2007, 297쪽.
39) https://youtu.be/HzNbn_QCMww?si=D9v6ghaXrv6j2FcY
40) 한나 아렌트, 『전체주의의 기원 2』, 이진우·박미애 옮김, 한길사, 2006, 278쪽.
41) https://youtu.be/HzNbn_QCMww?si=D9v6ghaXrv6j2FcY
42) 이혜인 기자, 「가슴 치며 참고 산다… 한국인 절반 이상 "장기적 울분 상태"」, 《경향신문》, 2025.05.25. https://www.khan.co.kr/article/202505071514001
43) 김현정 기자, 「어린이날 선물, 5명 중 1명은 '이것' 원한다… 듣고 싶은 말은 '사랑해'」, 《아시아경제》 2025.05.05. https://www.asiae.co.kr/article/2025050513540208864